MAK IT NEW

MAK IT NEW

An Anthology of Twenty-one Years of Writing in *Lallans*

edited by
NEIL R MacCALLUM
and
DAVID PURVES

THE MERCAT PRESS
EDINBURGH

First published in 1995 by Mercat Press
James Thin, 53 South Bridge, Edinburgh EH1 1YS

ISBN 1873644 469

The publisher acknowledges subsidy
from the Scottish Arts Council towards
the publication of this volume

Typeset in Palatino 10/12 point at Mercat Press
Printed and bound by
The Cromwell Press Limited,
Broughton Gifford, Melksham,
Wiltshire

Dedicated to the memory of
J K Annand (1908-1993)

CONTENTS

INTRODUCTION

As editors of this anthology we have no intention of becoming embroiled in non-questions; we can leave that particular pastime to the more abstruse and remote inhabitants of academia. In making this selection, culled from the first twenty-one years of *LALLANS*, our main concern has been to focus on the quality of the writing itself, and to avoid being distracted by other considerations. You will not find here any arguments to justify Scots, the State Language of Scotland until 1603, as a literary medium, nor do we feel it necessary to make a case for Scots as a language in its own right. The evidence of the dramatic power of expression of Scots and its suitability as a medium for poetry of a high order is there for all to see.

The Scots Language Society (founded in 1972) launched the magazine *LALLANS* at Mairtinmas 1973 under the distinguished editorship of the late J K Annand, who was to remain at the helm for a decade. The subsequent editors have been the poet and playwright Donald Campbell (1983-84), the tri-lingual poet William Neill (1984-87) and since 1988, Dr David Purves, joint editor of this anniversary volume. J K Annand commented in his opening editorial:

> Our pages sall be open til scrievers in local dialects as weill as thaim that ettle to scrieve in what is taen for a 'standard' or literary Scots. We sall, forby, be prentin frae the auld and new, the deid and the leevin, for withouten dout, the auld maisters were mair skeelie i the Lallans than monie that are writin the day, and we can aa lairn frae the best exemplars. Evir sin the hinder end o the saxteenth century, there has been a dearth o scrievers in gude Scots prose, alongside, for the maist pairt, a rowth o poets and rhymsters in Lallans verse. Nou Lallans 'll ne'er regain the stature o a rale language till we hae a hantle-sicht mair prose writin nor we hae the day, and sae we sall gie the gree til prose. [1]

This broad policy has been adhered to over the subsequent twenty-one years. The only significant change has been that a greater priority has been given to poetry in Scots. This was almost inevitable because of the fine work coming from the pens of many younger makars and owing to the crucial role Scottish poets have played over the centuries in sustaining the Scots language by ensuring its vibrant literary expression in a recorded form available to future generations. The following editorial remarks made by J K Annand when he finally laid down the mantle in 1983 reflect a considerable achievement:

> But this while back we hae gien pruif that it is possible to bring out a magazine hailly in Scots, and while there's been a fair shawin o 'auld-lang-syner' tales, the feck o the scrievin thir hinder days has been a hantle sicht mair forrit-lookin wi pieces on topics that the molligranters said it wasna possible to pit intil Scots. The magazine canna be fautit for want o scrievin on affairs o our ain day, as is weel shawn in our 'Eident Ee' series. The lairnit chiels threipit that there was nane o what they cried 'expository' scrievin in Scots, but our pages hae pruiven that we can argie a case, write reviews and literary criticism, an ein gie lessons on language in the auld leid. [2]

In making this selection, we have made certain assumptions about literature and language which apply not only to Scots, but which have wider cultural perspectives. Quality linguistic standards are crucial and should characterise any writer's work if it is to be considered as having lasting artistic merit. When Tom Hubbard edited *The New Makars* anthology of contemporary poetry which was published in 1991 he observed:

> All too often we're left with the passionless, the super-cool, the clever-clever: chopped up prose, neither flesh, fish nor fowl. To those who prefer such fare, the present anthology will seem unfashionable, even reactionary; as so often in art, though, in order to be truly radical, one is forced to be conservative—and vice versa. Too much right of way has been yielded to the blandwagon.[3]

The present editors concur with these sentiments. In any age there is a significant distinction between good and bad English, or good and bad French. Standards in language involve a realisation that there is such a thing as good and bad language and therefore good and bad writing. Since children are not taught how to write in Scots at school, a great deal of self-motivation is required before anyone can write well in this medium, and familiarity both with colloquial Scots and the existing body of literature are essential prerequisites. Examples of what is seen as good writing in any language are provided by the literature in it and the Scots language is no exception in this respect. Writers working in Scots are certainly subject to the same disciplines which apply to any other language. Unfortunately, many writers are not prepared to make the necessary effort.

Although Scots has always been closely related to English, great damage has been done to its image by representing it in education as a corrupt version of English. The reasons for doing this are really political, rather than educational. In addition to its separate lexis, Scots has many distinct features of grammar and idiom. One example is provided by the title of James Hogg's song, 'When the Kye Comes Hame', which although 'good Scots', was criticised by some of his contemporaries as 'bad grammar'. Some of these native features which survive in colloquial speech have been neglected by writers in Scots who have been conditioned by familiarity with English linguistic standards. One of the objectives of *LALLANS* has been to publish models exemplifying native linguistic and orthographic features. Much of the existing body of literature in Scots produced since the beginning of the eighteenth century has to be seen as differentially anglicised and undermined by English practice.

Nevertheless, in Scotland we are the inheritors of a fine tradition, a literary continuum reaching back over seven hundred years. Skilled craftsmanship and respect for form and structure have always been part of this tradition, and it is disturbing that so many contemporary writers claiming to write in Scots appear to deny the relevance of this tradition because of a preoccupation with the bleaker side of life. Some writers appear to be unaware of the existence of any literary tradition. The erosion of Scottish culture and the social deprivation associated with the creation of a deracinated, global mass market has certainly created a dilemma for writers employing Scots, but we should be capable of putting the uglier aspects of society into their proper context. Christopher Rush, who contributes two translations to this volume, has given us a balanced appreciation of this dilemma:

> There is a world of difference between poeticism and romanticism. It should always be understood that realism need not always mean the inevitable grittiness of urban deprivation and the four letter word. It is possible to be realistic and yet still see the beauty of living, of imagination.[4]

If it is a crime to celebrate life, to laugh or to cry or to love, or to get pleasure and joy from a book, then the editors of this anthology would have to plead guilty without a word being uttered in mitigation. We admit a preference for the positive over the negative and in common with our fellow contributors, prefer human emotion properly channelled to the ranting anger so often favoured nowadays. For 'anger' as Tessa

Ransford has remarked, 'is so debilitating. It crushes people. It's using anger as the vehicle for all other emotions. You can't laugh, you can't be tender, you can't weep, you can't embrace, but you can be angry'. [5]

A magazine by its very nature is partly ephemeral, yet what has struck us, in going through 42 numbers of *LALLANS*, has been the durability and consistency of the work that has been appearing since 1973. The range of subject matter has been extensive and the authors represented here encompass a comprehensive age span from the late William Montgomerie (1904-94) and the late A D Mackie (1904-85) through to Kenneth D Farrow (born in 1963). Needless to say, the selection has been made on the criterion of merit and the age or sex of authors has not been relevant in this connection. Some attempt has been made to give a flavour of the magazine's character and its development over the years. Although the roughly even split between poetry and prose does not wholly reflect the emphasis placed on developing prose models, we felt that this balance would make for a more attractive format and would reflect the crucial role our poets have played, over many generations, in keeping Scots alive as a vigorous literary medium.

Now that Scots seems at last to be given its due place in school curricula, this anthology should be a useful resource for teachers in this field. Over the period of its existence, *LALLANS* has been the only journal published in Scots and this anthology is broadly representative of writing in this medium over a period of twenty-one years. What is also required for teaching purposes, both at school level and in further education, is a contemporary grammar of Scots listing grammatical forms and idioms as a linguistic resource for writers and the Saltire Society is now considering publishing such a work.

No doubt there will be criticisms relating to certain omissions and inclusions in this anthology and certainly the choices which have been made necessarily represent the personal tastes and perhaps some of the prejudices of the editors. That is in the nature of things, but the prime purpose of the anthology is to provide enjoyment and extend the awareness of its readers, and this will be the touchstone of its success.

We have been grateful for the assistance of a number of institutions and individuals during the compilation of this volume. Thanks are due to all the contributors for permission to use their work and for their support for *LALLANS* over the years. The National Committee of the Scots Language Society has also given support thoughout. The facilities of the Scottish Poetry Library and the expertise of their staff were made readily available to us. The Library holds a complete run of *LALLANS* in its reference section and *LALLANS* is one of the twenty literary magazines selected for inclusion on a computerised Scottish Poetry Index, a major project due for completion over the next few years. In the case of *LALLANS*, all material, not just the poetry, will be indexed. Angus Martin of Campbeltown provided useful background information on the Kintyre dialect used in the work of George Campbell Hay. Zoë Capernaros with her knowledge of Scottish art was particularly helpful in selecting a suitable cover. Donald Campbell and William Neill, as former editors of the magazine, were able to provide an independent viewpoint on our efforts. This book would have been little more than a vague idea had it not been for the commitment of James Thin, the Mercat Press—in particular, the assistance and encouragement the editors received from Dr Tom Johnstone and Seán Costello.

NEIL R MacCALLUM
DAVID PURVES
Whitsuntid 1995

NOTES
1. J K Annand, *Lallans* No. 1, Mairtinmas 1973
2. J K Annand, *Lallans* No. 20, Whitsunday 1983
3. Tom Hubbard, *The New Makars*, Mercat Press, Edinburgh 1991
4. Christopher Rush in *From Limelight to Satellite—A Scottish Film Book*, ed. Eddie Dick, Scottish Film Council and British Film Institute, 1990
5. Tessa Ransford in *Sleeping with Monsters—Conversations with Scottish Women Poets*, eds. Gillian Somerville-Arjat and Rebecca E Wilson, Polygon, Edinburgh 1990

ACKNOWLEDGEMENTS

The editors and publishers are grateful to the following authors, editors, publishers and other agencies for use of copyright material. We have sought conscientiously to trace all copyright holders. In the case of inadvertent omissions, or where it has not been possible to determine the copyright holder, we offer our apologies. We should be obliged for any information on such oversights.

James S Adam; M E Alexander; Lilian Anderson; The Scottish National Dictionary Association for poems by the late J K Annand; Kate Armstrong and Blind Serpent Press for a poem from *Wild Mushrooms*; Sheena Blackhall and Keith Murray Publishing for two short stories from the collections *Reets* and *A Nippock o Nor East Tales*; John Burns; Margaret Macaulay, literary executor for the late Athole Cameron for a short story and poem; Peter Cameron; Donald Campbell; the Rev. Marion E Dodd for a story by the late Lavinia Derwent; Professor G F Dutton for a poem translated into Scots with the assistance of Dr David Purves; Dr Kenneth Farrow; Professor Sandy Fenton; Margaret Ferguson; Pete Fortune; Douglas J Fraser; Carol Galbraith; Ian Sutherland for a poem and article by the late Robert Garioch; Mrs Jean C Graham for two stories by the late William Graham; George Hardie; the Trustees of the W L Lorimer Memorial Trust Fund for a poem and article by the late George Campbell Hay (Deòrsa Mac Iain Deòrsa © 1994); William Hershaw; Harvey Holton; Tom Hubbard; Alexander Hutchison; Billy Kay for a short story included in *Genie* (EUSPB) and *A Tongue in yer Heid* (B & W Publishing); Douglas Kynoch; T S Law; Mrs A S M Low for an article by the late Dr John T Low; Neil R MacCallum and Scots Independent (Newspapers) Ltd. for two poems included in *Portrait of a Calvinist*; Ellie McDonald and *Chapman* for a poem from *The Gangan Fuit*; John McDonald; Ronald W McDonald; Gordon McFarlane; Mrs Bet Mackie for a poem and short story by the late Alastair Mackie; Mrs Kathleen McLellan and

Canongate Publishing for a short story included in *Linmill Stories*; John Manson; Jean Massie; Mrs Norah Montgomerie and Canongate Publishing for a poem by the late William Montgomerie included in *From Time to Time—Selected Poems*; Edwin Morgan and Carcanet Press for a translation from *Sweeping out the Dark*; Dr Ken Morrice and Keith Murray Publishing for a poem included in *Selected Poems*; William Neill; F J Nicholson and the St Andrew Press for a translation of the 23rd Psalm included in *The 23rd Psaum*; Rev. David Ogston and *Life and Work*; Rev. John S Phillips; David W Potter; Dr David Purves and the Rob Roy Press for the extract from *The Tragedie o Macbeth*; William J Rae; Lydia Robb; Dr James Robertson; Mrs Martha Robertson and The Shetland Times Ltd, for a poem by the late T A Robertson (Vagaland) included in *The Collected Poems of Vagaland*; Christopher Rush; Jamie A Smith; Gavin Sprott; David Stevely; Brian Tait for two translations by the late William J Tait; James Hall Thomson; Raymond Vettese, and Angus Watson.

JAMES S ADAM

BEARDS AND BAIRNS

It's better that the bairns greet first
    than tears tae faa fae bearded men
But whaur's the man wad be sae base
    as trade bairn's tear for aa his ain?

M E ALEXANDER

AERLIE MORNIN

The oor is aerlie mornin
the air frost snell
an i the deep derk lift
ilk starn a bricht wee pynt,
as sherp as ice an clear,
hings lane an separate.
An yit A hear afore the sun
has tintit e'en the Eastern easin's
laichest pynt, the waukenin burd
lilt clear its kirstal notes
til the unborn morn; an the haill
nicht wul skail on a threid
o joy as the new day's drawn in
on the braith o sang.

LILIAN ANDERSON

SPRING DAWIN

Frae the Russian o Evgeny Vinokurov, wha wes born in 1925 an focht agin the Germans on the Eastern Front in Warld War II.

The nicht gurled, birled, kipped,
an ilka deid man, as he fell,
myndit his lyfe as a whyte stour,
screengin his face dancin mad.
But i the mornin, aw becam soused,
an the warld kythed in its pristine blue.
I sklam oot on tae the breistwark,
an aince mair—for the echteent tyme—
had nae gret wunner at the Spring.
The drackie hills had reidened
on their braes,
the wunds o Spring war doitit;
an onlie in the nakit, wyde een o the deid
wes wunter frozen foraye.

FRAE NOU ON

Frae the Danish o Ufe Harder

Ye chirt words oot
frae this buller
o licht an derkness
drumlie an bluid an kaif
ye dry thaim an polish thaim
tae bring the colors oot
an pit thaim in a raw
—ye blaw on thaim
sae the wings thirl
an the wee motor sterts tae wark.
Frae nou on
naeb'die can caw thaim back.

J K ANNAND

AT THE WINNOCK

Frae the German o Kennawha: Deandl, geh ans Fenster her

My dearie, come to the winnock,
My lane it's drearie wark
Gif ye hae tint your goun
I'll tak ye in your sark.

'Och, get ye frae my winnock.
What thochts are in your mynd?
Gif ye were hauf a man
Ye'd won in here langsyne!'

TRAIN DAFT

Like lots o ither steerin weans
Penny Jane's juist daft on trains.

Ilka mornin, rain or fine,
She gangs up to the railway line.

Watches frae the railway brig
To see the engines smert and trig.

Sees big expresses wheechin fast
And puir wee goods trains pechin past.

Waves to drivers passin by
And gets a tootle in reply.

Gae north or south, gae east or west
She thinks steam engines are the best.

3

SKATIN
(For a wee lassie in Aiberdeen)

Skatin on the ice
I tummelt yince or twice.
I gaed hame feelin glum
Wi bruises on my bum.

The neist time I did weel.
I kinna got the feel
O skates upon my feet
And skated round a treat.

And nou I gie it licks
Wi lots o fancy tricks.
I glide and dance and twirl
And lowp and twist and birl.

KATE ARMSTRONG

FORSAKEN
(Owersettin frae E Morike, 1804-75)

Airly, when cocks do craw
Ere the wee starns dwinnle,
Maun I the emmers blaw
My fire tae kinnle.

Lowe o the flames is braw,
Sparkin an winkin;
E'en as they lowp awa
My hert is sinkin.

Sudden, it comes tae me,
Fause-herted loon,
Dreamin, I lay wi ye
Under yon mune.

4

Ae tear, anither, sae
Plashin they fa.
Day daws. O gin this day
Hasted awa!

SHEENA BLACKHALL

THE VISITOR

'Easy kittled! Easy coorted! Easy made a fuil o!'

The auld man in the village shop took a sly grope o the assistant's boddom. Nae quite saxpence i the shillin, wis John Geddes—a daftie, so permitted these wee liberties wi the ladies. A hairmless half-wit; bit nae sae daft as tae try his capers on wi Maidie Bain. Maidie, efter aa, wis an incomer—an unkent body—a cuckoo i the nest. She hid refused, politely but firmly, aa offers tae jine the Rural...didna hob-nob wi the vanman, and greeted ane an aa, wi a terse 'Guid mornin', cuttin aff aa attempts o conversation like crined leaves efter a heavy frost. Nae even an invite tae the minister, for a fly cup an a sociable blether.

Faith, fowk couldna mak heid nor tail o the craitur...comin, as she did, sae far ootby the district, they hidna been able tae dig up wan divot o dirt aboot her origins. An that suited Maidie Bain jist fine.

It wisna as tho she'd a smarrach o geets tae tak up her time—tho ane wis on the wye—ye didna need a degree in gynacology tae ken that. John Geddes glowered at her, a fite-faced city quine, clutchin her bag o groceries tae her heavy belly, staundin apairt frae them aa. He opened his mou tae utter some coorse remark, bit thocht better o it; bocht a twist o tobaccy, an walked oot.

'D'ye niver weary in yon hoose, aa bi yersel?' the vanman had asked.

'Nae me; I can aye fin something tae dae.' Cool as ye like, as if the rest war dirt, that war aye scratchin in ane anither's back middens.

If she showed nae interest in their comins an gauns, her man did. He wis the bold billie, Davie Bain—liked a good dram, and the antrin crack wi the weemin-folk—and nane the waur o that. God kens whit possessed him tae wed a queer craitur like Maidie.

She trauchled ben the lang street, the unborn bairn heavy aneth her breist. Sae near her time, it wis foonerin—the inward flutterin o

5

the bairn like watter rinnin ower shingle. Her legs stooned an the retchin sickness that hid plagued the early days hid gien wye tae queasiness, an growin fear. Nae that she had thocht ower muckle aboot the actual birth...Davie liket bairns. Ye wis supposed tae like bairns. It wad please him, pit her in his good graces, for aince.

'Can niver tak a sowel tae the hoose, bit ye spile it, wi yer sappy, girnin face, aye slinkin off on some ploy o yer ain, sizin folk up like ye war gentry,' he raged.

Tae tell truth, she hid nae experience o bairns...nane at aa. An only dother, growin up in a hoose ful o adults, she'd niver felt the need o company, jist her buiks, an aa her ain dwaums.

She minded ae Christmas—the risin steer o waitin for presents...the postie's ring at the door. For her, a gran parcel. Teerin aff the wrappins, towe, tissue paper...syne, the cauld drap o glowerin doon at a fremmit plastic face, wi black-bristle eyelashes.

Her mither's pleased remark ...

'It's for ye, Maidie. Baby Deirdre. A wee dolly.' A hard fooshionless, plastic monster. Her mither scrauned her face for signs o joy; nane war visible. The doll lay unwinted, a waxen image, wi naebody tae idolise it.

'There's nae pleasin ye, Maidie. Ye'r the queer fish. Aa lassies likes dollies.'

Aa lassies exceptin Maidie. Growne aulder, she hid watched weemin coo and purr intae prams, kecklin and baby-spikkin ower some scrap o weet hippens and it gart her squirm. Wi her ain, tho, it wad be different...someyin tae spik tae, share her thochts wi. And Davie wad be that pleased...

It wis a bonnie eneuch hoose...quate, an secluded, till Davie cam hame. Whyles, she wished he wad niver cam hame, an intruder brakkin intae her wee warld, sweepin in the glaur o the parks ootby, that clung tae his buits and claes. She hid sic dreams...sic plans...her stock o buiks held muckle mair nor the rain-lashed lan he throve in. The vanman's question cam back tae her ...

'D'ye niver weary in yon hoose, aa bi yersel?' She lauched at the spik, takin oot her shoppin, thinkin nae mair on't.

Suddenly, a grippin pain raked her sides, takkin her braith awa. She grippit the table, knotting her neives ticht agin it. As if a dam hid brukken, bluid trickled damply doon her thigh—the first show, that weemin spak o. There wis nae gaun back—she wis tint in a dark tunnel—like it or no, there wis only ae wye oot. Plenty o time yet...wait till the pains wis regular, the midwife hid said. Mechanically, she packed her hospital bag, cannie an neat, reddin things up. Maidie hated a sottar—aathing cut and dried, that wis her wye.

She widna alert the neibors. Nane o their business…coorse, ill-thochtit, ill-spoken brutes…rely on naebody bit hersel. Anither raxin cloor o pain, brocht panic dry tae her lips. She bit it back. Weemin hae bairns ilkie day…in Africa, they hae them staunin up in the parks, as easy as kykin. Our Faither, which art in Heaven, mak the pain stop.

She wis gled tae be able tae walk unaided tae the taxi—back straicht, nae nonsense, past the glowers o the villagers.

'Davie Bain'll be the proud mannie noo…'

'If yon wife o his is really in calf—I think it's a case o eatin new tatties masel. She's ower nice tae lie doon wi a man, yon ane.'

It aa happened sae quick.

'Ony time noo, dear. Tak aathing aff…ye hae tae be prepared for Doctor.' It wis gey shamin, the entire strippin awa o personal modesty, like some beast afore a vet, naked for aa tae see.

'Lie still dear! Ye maun be shaved, ye ken…and an enema. Canna hae ye messin up the bed.' God no. Whit an affront *that* wad be.

The pains wis sair noo, rinnin thegither in ae lang stream o fear. 'Breathe hard! Dinna bear doon! Be a good lass! Sune be ower. That's the wye.'

She gulped doon anaesthetic hungrily, fechtin agin the thing inside that wis tearin her apairt. Foo did they spik tae her gin she wis a gype? A gowk incapable o comprehension? At the heicht o her agony, the anaesthetic wis hauled away.

'Must think o baby, dear—ower muckle's bad for him.'

Him-him-him—hoo in God's name could they ken whit it wis? 'Him' had the best o it, bearin doon relentlessly inside her, hungry for life. She cud hear the nurses whisperin…

'Maks it waur for themsels, whan they cairry-on like this…upsets the ither patients…thinkin themsels special…'

Throu the blurr o bricht lichts, she felt a wee prick, as o a bee-sting, as the doctor pumped pethedine intae her vein.

'That's a good girl—just a wee cut with a scalpel—you won't feel a thing. Baby can't get out, dear, you're too narrow …'

Spikkin tae her, again, as if she wis John Geddes, a half-wit. Then, the voice changed, wis abrupt and officious…

'Forceps Sister—quickly!'

Maidie wis three fowk noo…heavily drugged, a disembodied brain sweemin ower a tormented body, torn in twa by the pounding pounding pounding in the birth canal, like a visitor hammering on a door. A swoop o pain, like a balloon streetchin ower solid marble, and the bairn wis born.

A wee reid thing wis bein held heel-heich, skelped intae life, the cord danglin frae its navel like an orra towe.

'Clever girl. Good girl. All over now.' Syne, a sudden switch tae adult spik, gin she'd newly cam o age.

'You have a son, Mrs Bain. A fine healthy boy.'

The visitor hid arrived then. She wisna sure foo they wad get on, glowerin doon, warily, at the squeezed, wrinkled face, already nuzzling hungrily at her breist. She hid expected tae feel instant sibness, a surge o mitherhood. Instead, it wis like seein anither stranger, bewilderin; an entirely separate bein. Like it or no—here wis wan visitor, wha wis gaun tae bide...

REETS

'For roots are twisted, tender things, which finally must drain your heart.'
Ken Morrice, 'Roots'

'At Dalmore Hospital, Merch 16th, 1963. Jessie Ferguson, aged 85 years, wife o the late Matthew Forbes, fairmer, Clayrig, Clashfold. Dearly loued mither o Ann, granminnie o Nell. Service at Greydyke Chapel, far noo abidin, on Merch 19th, at 1.45 pm. Thereaifter, Clashford Kirk cemetery. Faimlie flooers anely.'

The cauld wumman in the fite shroud, hid bin born, merrit, an widdaed, afore her fiftieth year. Sinsyne, her life wis a slaw fooner doonwise, frae bairn-rearer, mither-in-law, tae peely-wally pensioner...

Nell Reid's mither Annie, hid wad a secont cousin, a farawa frein o the Ferguson clan, sae thon union wis the jynin o twa reets, ane bi bluid, an tither bi merriage. A puzzle, unraivellin reets. Nell keekit lang, in her granminnie's face, sikkin the answer. The face wis blae as a beeskaim, drained o its hinnie. The een, an mou, war steekit firm in the thin grey purse o finality.

The tears treetlin doon Neil's chikks war aa surface. Inby, the lassie wis numb. Her granminnie's daith hid cam like a drappin steen, tummilt hyne doon a wallie o time, intil the watters o bairnheid. Syne ripples sterted, circles o memories, some derk, some bricht...

Nell felt swickit an dumfounert. She'd gaen tae the undertaker's room tae confront dule, tae murn. Bit the husk in the shroud wisna her granmither. It wis teem as a barn, efter a roup. In the black waa o her mind, the ripples sattled in picturs, three Russian dalls, they war,

8

inclosin ane anither, three picturs o auld Jessie.

The first dall wis dumpy's a Buddha, slaw as a growne aik, dressed black an grey as a Dürer engravin, wi hooded, inscrutable een an a crookit mou that a stroke hid strukken frae spikk. Its hauns war saft, an swalled, like sappy breid. Fite treelips o hair treetled doon frae aneth a velveteen bunnet, preened wi a cairngorm, the ae concession til vanity.

The secont dall wis dour as an icon, its glower petrifeed in the flash o some lang-deid photographer's studio; a kintra wumman, dressed in toun claes, for a posed snapshot. Bit there wis a quanter jut tae the chin; yon model wis nae dressmakker's dummy. Na faith, the Edwardian frock wis bonnie eneuch, bit the en' effeck wis ane o suppressed virr, thwarted smeddum. Forby, the elbuck-lang gloves didna sit easy on the strang length o the foreairm.

The third dall, the smaaest dall, yon wis Nell's best-likit. A pictur o a lauchin, ringletted quine, in fite-smocked lace, flounced ower a sheaf o corn, wi een as mirkie an glimmerin as twa siller threepenny bits; queats buit-buttoned up til the knee, the sepia-tint o the photograph giein the bairn an ither-warldly air o timeless innocence.

Three picturs, syne, o a granmither, like stamps in an album, pairt, bit nae hale, o a weel-loued collection. The war retinal granmithers, seen granmithers, bit the essence o Jessie Forbes, the sun on the barley, the shine on the lintie's wing, hoo far hid yon gaen, an fit wis it?

Sae hard, it wis, for Nell tae fit feelins tae wirds, tho ithers fand it easy! The faimlie hid taen the length o her, years back.

'Ye've yer faither's temper, my lady,' quo mither, faniver Nell raired in a roose.

'Ye're the image o the Reids. Ye've granny Reid's broon een, ye've granda Reid's black heid, richt doon til the tune in his mou. I canna wheeple a note. Naethin o me in ye.'

An it didna tak lang tae ken, she'd faan heir tae her faither's lugs, taes, an fingers, the ferntickles ower his neb an the moles on his back. Sib as twa troot, they war. Except that her chin wis a legacy frae greatuncle Tam, her queer humors war cousin Morag's, her annual winter hoast wis an heirloom frae great-granda Reid's, an aa that she hid frae granny Forbes, war...war...reets. The kennin o the past. The mellin o past an present. The past wis a ghaist that supped at ilkie meal, for naebody iver telt it it hid dee'd. Naebody iver dee'd in the Reid or the Forbes faimlie, they war that reeted in their ain history. Forefaithers war wuvven intil faimlie lore, till fac' an fancy war that sib (ayebydan thegither) as tae be ill tae tell apairt. Nell wis a patchwirk, genetic quilt, a steekit-thegither hotch-potch o left-ower skirps o identity.

'Mirror mirror on the waa, is ony o me in there at aa?' she hid speired, a flummexed, bamboozled quine afore the glaiss. Bit the mirror luikit juist as bamboozled's the speirer. Mrs Reid hid claiked aboot Nell ower the dyke, wi a neibor body, reddin up the wee quine's taigles an snorrels. Granny Forbes wad niver hae duin thon. She wis a leal icon, keepit faimlie maitters sacred.

'She's a fey, auld-farrant wee tooshtie, oor Nell,' gibbered Mrs Reid, fa likit a sklaik an a blether wi company. 'She cams oot wi the queerest spikks. She's like a wee auld wifie; far ower sib wi her granmither, yon ane.'

Granmither…fit wis a granmither, a forebear, an embryonic swatch o perception growne frae a skirp, tae a reet, tae a tree o reeshlin closeness doon the sizzens? At the ootset, at the earliest minin, at the threshold o kennin, granmither hid bin a guff, a warmth, a blur o shape, a scooshie o soun, nae mair, nae less. Her wird wis laich an curmurrin, it raise an drapt nae farrer nor the heicht o a dreel.

Bi day, the auld wumman wis dowpit doon in a neukit seat in the gairden, as muckle a pairt o Nell's bairn-play warld as the yalla nasturtiums noddin aneth the drain pipe, an the rockery steens far the forkietails, minnie-minnie-monie-feet, an a hantle o hornie-gollachs foregaithered oot o the sun. She wis as muckle a pairt o the gairden as the yolk-nebbit blackie an fearty, feary snails slidderin slivvery doon the gairden waa. Granmither's lap hid bin a brod for haudin daisychines, snail shells, jobby pie-bald chukkies, an the thoosan an ninety strangenesses Nell's fingers raxt tae examine. An frae granmither's mou cam a babble o Wee Willie Winkies, an rugged rascals, an gorblies, an whigmaleeries, chin-chinnies, mou-merries, ee-blinkies, an ower the hillies an awa tae stinkies, that keepit a bairn divertit mony's the lee-lang day.

Bi nicht, tho, Mrs Forbes wis a hefty, forfochen snail, humfin its hoosie slawly ben the lang lobby, makkin for the cauld room an muckle mahogany bed, hersel an her granmither shared. The bed wis cweel, an stoot, facin a crined, puir coal fire, its lowe sae sma that in Januar the ice-flooers niver left the winnock. In winter, the ice flooers bloomed sickly as daith, wi the gas licht frae yont i the street creepin yalla alang their stems. Yon wis a widda's bedroom, an auld wumman's bedroom, a room o arrested time.

Nicht entered the room in the mask o the Deil, fillin the fire wi lowpin imps. The shaddas o the counterpane creepit like seenister panthers alang the fleer, an the bed wis a wee oasis, in the mids o a

10

gurlie sea o nicht terrors. Syne, granmither wis a bulwark, alive an cosie, a creashie bosie, a guff o kent comfort, an auld wumman's guff o staleness, o swyte, o peppermint, an lavender, frae the teenie-weenie pyockfus o dried herb, happit in the claes she keepit snibbed ahin the timmer wardrobe. There wis comfort in watchin her nichtly ritual...the grey hair lowsed frae its preens, ilkie preen cannie in a crystal bowle, near til an ebony snuff box o granfaither's, an an ivory haunilt kaim. Aathing auld, an bonnie, an lang-loued. An syne, the breet-warmth o the cailleach's body, its girth blottin oot the lowpin imps i the hearth, an aye yon hint o lavender, swyte an peppermint, Nell's bairnheid friens.

Ae nicht, the quine hearkened tae her granny's wirds. Nae the souns, that reeshled like a bummin burn ben the hinterlan o kennin, bit the wirds thairsels. They made sma sense tae sma lugs. Granmither wis incantin her gloamin prayer.

'An lead us nae in Tootemptation,' quo granny. An Nell tuik it tae be that Tootemptation wis a Pharoah's tomb, near haun tae Tut-ankh-amen, fa wis gey coorse, fa hid beerit hunners o slaves biggin his fancy memorial, the damned dirt.

'Fit dis Amen mean, granny?' she speired, as auld Jessie hirpilt up frae her knees.

'Granny sayin guid nicht tae God, dearie.'

'Is God gaun tae sleep anaa, granny?'

'Loshty, na. He's far ower busy. He sees athin we dae.'

Nell wis roosed wi God, for yon. Granmither's God wis an ill-fashiont breet, powkin his neb in aawey.

'Gyang tae sleep, Nell,' sighed auld Jessie.

Bit Nell cudna sleep, nae wi God watchin, nae till granny telt her a story. An sic braw bonny stories she telt! She bedd in the past, an Nell wi her. They war baith bairnies, bidin up late on a lanely hill fairm, watchin a fine gig timmerin ower the track tae a pairty at the laird's big hoose, wi black top hats, an silken bustles. Whyles, they'd be hairstin in the wuidside park, wi great uncle Andra, fa swore like a Turk, an got fechtin fou ilkie Setterday, an near shot Attie Simpson's Meg, fa wis expeckin twins, an lucky it wis she didna drap them there wi verra fleg. Whyles, granny an Nell war twa schulequines, hyterin ower the muir tae the ae-roomed schulehoose, an granny's new buits war tint, that she sud hae keepit for Sabbath best, chasin butterflies ower the moss. An syne, the derk auld bedroom wisna feary or flegsome at aa, but alive wi yestreens. An fin the stories war feenished, an war dwinin back til the mirk, Jessie Forbes wad wink at hir

11

grandochter an keckle, an lauch, an drink frae a wee black bottle she keepit hidden awa in a drawer aside her hankies, wi a fite horse on its face. An fit wad God say tae yon, fa saw aathin, the damned ill-fashioned breet? Bit mebbe God hidna a neb, for smellin oot whisky ben lavender...

Forby, granmither's relations tae God war aathegither queer. She niver mindit his birthday. Yuletide meant naethin tae Jessie. Hogmanay wis a different kettle o fish, the turnin aff the auld year, the hicklin in o the new. On the hinmaist day o the year, she wad powk Mrs Reid on tae a swypin an polishin an stew-caain as iver a body did see. Bairns, hoose an hearth had ilkie neuk an crannie elbuck-greased wi virr, for unchancy it wis tae bring in a new year in fule claes. An naethin wad please, bit that faither maun gyang ootby tae fidgit an sweir an girn till the last chap o twalve, syne tae be brocht back in, a derk-haired chiel bringin luck on his heid an hoose for the neist few months. It wisna even a thing tae be thocht aboot, a fair or a reid-heidit first-fitter. Syne they grat an leuch, an oxtered ane anither an the lang-deid Reids and Forbeses grat an leuch anaa, God willin that aa wad be spared tae win throw anither year's weird, thegither.

On the first o May, auld Jessie wad hurry wee Nell frae the hoose, afore the May dew wis dry on the green, tae wash douceness an bonnieness intil her face, frae the magical draps o rain. On Hallow-een, granmither Forbes wis mirkie's a sheltie, reemin wi tales o warlocks an midnicht stallions, o kelpies fa ruled the watter-warld, o ghaists an bogles an lovers wi brukken trysts. An efter the dookin for aipples, fin the hinmaist guizer hid left, an aabody beddit an sleepin bit Nell an her granny, Jessie wad lead the quine up tae the mirror, wi nae licht on at aa. For at Halloween, she said, the speirits war hotchin, an if a lassie wad ken the likeness o the lad she wad wed, she maun keek in the glaiss bi the licht o the meen, for sure she wad see him then.

Fin mither skailed satt ower the table, it wis granmither's haun that flang a skirp o't ahin her left showder, straicht intil the Deil's een, for the skailin o satt wis unchancy. It wis granmither, tae, fa niver wad pass a fite horse, bit Nell maun steek her een, an wish a wish, an for certain it wad be granted, for horses an fite are favored.

Her stories war legion, dyod ay. Nell drank them in, a heidy elixir. Best o aa war the cailleach's ballads, that hid bin in the mous o fairmin fowk for generations. Frae guff, tae pictur, tae soun, Jessie Forbes grew in love an stature in the quine's hairt. Her granmither bedd in a snibbed kist o time. Sassenach spik an custom meant naethin tae her. It wis as tho she wis deef, an blin, tae aa, bit the lilt an lap, the cadence an mores o her ain agrarian reets. Roch an queer, yet fittin an richt war the wirds on Nell's granmither's tongue. Hers wis the leid o teuchit an bosie, o siller an gowd, that wis nae in a shop-wife's till, bit the meen an the corn o her bairnheid an bairn-bearin times. An for Nell, the twa warlds war niver sib, the Scots o hame wi the Sassenach o schule, bit maun aye be keepit apairt, that they wadna be bladdit. For the bairns at schule (nae haein a granmither rikkin o whisky an lavender, nae bidin at nicht in a roomfu o ballads an barley) leuch at the auld-farrant wirds, for they hid nae past ava, bit lived frae meenit ti meenit, as the spurgies dae. They cudna hae telt ye far their forebeirs was, an they didna muckle care. In the Sassenach warld, sic things war o sma accoont. In the warld o Nell an her granny, they maittered abeen aa.

So fit wis a granmither, efter-an-aa, yon bride-fite face powkin oot o the mools, strippit o rings an yirdly falderals? Fit wis she, tae Nell, in the hinmaist ingaitherin? She wis a guff o peppermint an swyte, o whisky an warmth. She wis a pootchfu o daisy-chines, a skitterin o satt, a pairt in the patch-wirk quilt o a young quine's makkin, o ballads, an barley an yird, in a lanely midnicht room. A bulwark agin the derk, that yoamed o lavender, a reet that raxit ayebydan, abeen the mools.

IAN BOWMAN

AIBLINS - JOHN CLARE

The Fruit is fair to luik upo'
And the flower is fair to see
But my ain flower wi' her sweet clais on
Is the sweetest gem for me
The flowers o' gardens and o' field
Right bonny flowers may be
The fruit o' orchards, flowers o' braes
Are nae sae sweet to me.
She beats them a' in Sunday claes
There's no sich like on banks an braes.

Gin ye speirit 'Whitna chiel scrievit thon sang?' ae repone micht be: 'The selfsame chiel wha scrievit this ane':

She is the goud spink on the thorn
Sae lovely in her sang
She is the gouden light o' morn
As beautiful and young.

But that wadna tak ye verra faur. Ye micht jalouse that it wis aiblins
ae wee bardie frae Embro scrievin o ane o the Flooers o Embro, or
ither bonnie lassie; or ane o thae bunnet lairds wha ettled to be ac-
quaint wi the Muse. But ye wad be wrang. The chiel wha scrievit
baith thae sangs wis a soudron makar, John Clare, wham they cry't
'The Northamptonshire peasant poet'. Noo, is that no a muckle ferlie—
a soudron bardie eydent to scrieve in the Lallans? We hae a rowth o
Scots bardies wha scrieve in the soudron leid as weel as in the Lallans,
but there's no mony soudron scrievers wha wad hae a min to yaise
the Lallans—an forby, gin they did, they wadna ken hoo to dae't. But
here's John Clare daein just that.

Amang a wheen o soudron vairses the Lallans poems, words an
lines kythe maist byornarly an shaw that he wis weel eneuch acquaint
wi the leid to yaise it wi'oot giein it anither thocht, as when he speaks
o 'a sweein tree' or 'men of mickle skill' or 'her ancle gimp, her leg sae
braw' or '... maids I've a'maist seen them a'/ and talked baith late and
early'. There's aiblins an aich o Burns in some o his lines. Clare maun
hae read Burns's poetry. When Clare wis an auld man an wannerin a
bit, noo an then, he thocht that he wis Rab Burns an scrievit a wheen
glaikit blethers anent the moose an the daisy. But there can be nae
doot but that he kent Rab's poems weel eneuch, no anerly in the Lallans
but eke in the soudron leid. Aiblins that's hoo he tried his haun at
scrievin the same gait. Gin ye read his sang,

O wert thou in the storm
How I would shield thee
To keep thee dry and warm
A camp I would build thee...

it pits ye in min o Burns's

O wert thou in the cauld blast
On yonder lea, on yonder lea,
My plaidie to the angry airt
I'd shelter thee, I'd shelter thee...

Clare scrievit a hail poem in the 'Stannart Habbie' sae loued by Burns. Here's ane o the vairses:

> The little mouse comes out and nibbles
> The small weed in the ground of stubbles
> Where thou lark sat and slept from troubles
>   Amid the storm.
> The stubble's ice'l* began to dribble
>   In sunshine warm.

*icicle

It's no jist the vairse form, but the verra words an rhymes forby that mak ye think o Burns's 'To a Mouse'.
Then, there's a sang:

> ...Twas just when buds will swell to shoot
> And buddin' primrose at the root
> Begins to show its sulphur suit
> All on the dewy morning...

It cud be sib tae Burns's

> A rosebud by my early walk
> Adown a corn-enclosed bawk
> Sae gently bent its thorny stalk
> All on a dewy morning...

But Burns wis no the anerly Scots bardie that John Clare kent. There was Allan Ramsay an James Hogg an Wattie Scott. When Clare was auld an aiblins had the thocht o deith on his min, he scrievit:

> There is a day, a dreadfull day
> Still following the past
> When sun and moon are passed away
> And mingle with the blast...
>
> When stars and skys shall all decay
> And earth no more shall be
> When heaven itself shall pass away
> Then thou'lt remember me.

15

Wha kens? He micht hae been thinkin on Wattie Scott's

> That day of wrath, that dreadful day,
> When heaven and earth shall pass away,
> What power shall be the sinner's stay?
> How shall he meet that dreadful day?...
>
> O, on that day, that wrathful day,
> When man to judgment wakes from clay.
> Be thou the trembling sinner's stay
> Though heaven and earth shall pass away.

Scots bards an Scots leid maun hae had a haun in formin the thochts that gart John Clare scrieve his poetry.

An aiblins Scots sangs had a pairt forby. Clare wis unco skeely at the fiddlin an, like Rab Burns, he loued kintra sangs an kent a muckle wheen o them. He wis aye eydent to mak a wale o thae sangs. Ane that he waled cam frae 'a Mr Riddle':

> If a body greet a body in a narrow lane
> Must a body pass a body greeting not again?
> If a body join a body going to the fair
> and a body woo a body need a body care?
> If a body with a body please a body well
> and a body—kiss a body need a body tell?

an mair o the like. This maun be ae form o a gey auld-farrant sang mair kenspeckle tae the rowth o us as 'Comin through the Rye', in the outsettin o James Watlen in 1793—the year o John Clare's birth—wi the words by Burns, set to the air o 'The Miller's Daughter'. Burns wis acquaint wi twa-three chiels o the name o Riddell, forby a wife o that name as weel. Aiblins the 'Mr Riddle' o John Clare wis ane o the clan. But the haill thing, like John Clare's yaise o the Lallans is fou o riddles.

In the seventeen-saxties, a gangrel fiddler frae Scotland cryit Parker cam to the village o Helpston, no far frae Peterborough in England. He set up as a dominie an begood to learn the village weans their ABC. It wisna lang afore he wis unco pack wi a bonnie lassie in the village, dochter o the parish clerk. There wis a bit o houghmagandie an efter a while the lassie cam tae him ae day an spiert gin he wad mairrie her, for she jaloused she had a bairn in her wame. The fause

16

Parker said he wad, but in the nicht he jouked awa an that wis the last that wis seen o him. Sae the puir lassie had tae thole her dool alane. When the bairn wis born she gied him the name o Parker efter his faither, an Clare efter hersell. Wee Parker Clare grew up in poortith cauld an wis a puir shilpit loon wha wis hird tae the village yowes. Oot in the hirsel he met a lassock by the name o Ann Stimson. He merrit her an on the 13 o July 1793 she gied him twins—a lassie an a laddie. The lassie dee'd but the laddie lived. They gied him the name o John Clare. He had a drochlin, dowless buik but a spreit that wis nesh tae aa the glory o nature an wis blinterin wi the lowe o poesy. Aiblins he had frae his grandey, the gangrel fiddler dominie Parker, some Scots bluid in his buik an some Scots music in his noddle, sae he wes gey seilfu at the soun o a Scots sang or at the sicht o the chiels wha drave the stirks doon frae the hielans tae the soudron trysts. It gied him a stirrin o the spreit sic like MacDiarmid scrieves:

> ...The beasts in wha's wild cries a' Scotland's destiny thrills
> The loe's o single herts are strays, but there
> The herds that draw the generations are,
> And wha sae hears them roarin', evermair
> Is yin wi a' that gangs to mak' or mar
> The spirit o the race, and leads it still
> Whither it can be led, 'yont a' desire and will.

John Clare pit it mair simply:

> Scotch droves of beasts a little breed
> In sweltered weary mood proceed...
> Lean in the wants of mountain soil
> But short and stout for travels toil...
> Followed by slowly pacing swains
> Wild to our rushy flats and plains...
> In petticoats of banded plad
> Wi blankets oer their shoulders slung
> To camp at night the fields among
> When they for rest on commons stop
> And blue cap like a stocking top
> Cockt oer their faces summer brown
> Wi scarlet tazzeles on the crown...
> And honest faces fresh and free
> That breath(e) of mountain liberty.

Clare wis aye a man for liberty, an the hielan carles, swippert an swith wi virr wha wad liefer tine life than liberty, gart him feel sib tae them an tae Scotland.

Gin he hadna muckle lear, Clare had thon 'spark o nature's fire' that made him a skeely makar an scriever o braw poems. When he gaed tae Lunnon efter the first outputtin o his poems the graun fowk there made muckle ado o him. His poems were weel eneuch kent an spoken o tae gie him a guid conceit o himsell. Some said he wis England's repone tae Rab Burns. But like Rab, he thocht o himsell as 'a simple country bardie'. Lunnon wis no for him ony mair than Embro wis for Rab. Forby he had to mak saut tae his porridge an scrievin poems didna dae that. He gaed awa frae the muckle city, back tae the lan at which he kent hoo tae wark an whaur his hert wis at ease. It wisna lang afore maist o the gran fowk o Lunnon had pit him oot o their mins. But there wis ae chiel wha keepit min o him an helpit him in times o need, an he wis a Scotsman, Allan Cunningham—the same Allan Cunningham wha wis sae eydent in the cause o Burns. But for aa that, efter Burns wis deid there were some soudron scrievers wha thocht it wis fair shamefu an scunnersome that the Scots fowk did naethin tae help their bard when he wis puir an deein. Allan Cunningham wis ane wha wis fair affrontit. Anither Scot, Christopher North, scrievit in *Blackwood's Magazine* that it wisna for the English tae tak a scunner at the Scots ower Burns when they were leavin their ain John Clare i the draiks.

Clare had aye an unco trachle tae keep himsell an his wife an weans 'richt an ticht an thack an rape' an wis aft sair forfochten an disjeskit, but he wis aye scrievin awa at his poems, an stumpie scartit some gey braw verses for him. Hinnerly, he begood tae hae a want an wis a wee bit wannert noo an then. Ae doctor wha had a bee in his bunnet anent makars gied a certificate that Clare had a camsteerie min throu bein a makar an had him pit in a hoose for gyte fowk. An thare Clare bade till he dee'd in 1864. Aiblins this wis ae reason why his poetry wis negleckit for sae mony years efter. Aiblins the Victorians wi aa their worship o the warl o commerce an industry an their imperialism an military glory had nae time for a simple country bardie wha, the doctor said, wis no richt in the heid. An forby, he wis no verra perjink wi his spellin an punctuation. Aiblins maist o them juist foryet aboot him or ne'er kent him ava. Oot o sicht soon foryet. There's a rowth o aiblins aroun the name o John Clare.

JOHN BURNS

GLISK O LUVE

There's an eydent seekin in my hairt the nicht
My luve's tae the lang wuid gane.

When the darkenin faas an the bricht warld is gane, I am left aince mair, lookin intil the blackness o my toom an shattert hairt. It is my plicht, the sair plicht o aa men wha dare tae luve maist eydently, an finnd the warld naething but a kythin wab o trickerie.

I met my luve in the May-time when the sap wes risin in aa the warld aroond, and efter the wersh cauld o winter, aathing begoud tae growe aince mair. I courtit her amang the wuids an secret places, sae that the scent o earth an primroses clung tae her lik the scent o luve itsell. Her hair wes black an sae war her bricht an kennin een. Her mooth wes red an fou, an she movit aye wi a strang an souple grace that held me entrancit.

The warld then wes a place maist marvellous. Aathing wes happit in a licht o glamourie bestowit on it bi my luve. Aathing wes haly an blisst. The trees shimmert white an gowd under a sun that wes ever bricht. The birds flew in schenand arabesques, an sang maist clere an joyous frae the green leafit hairts o the trees.

We trystit at a place ayont the toun, for we coudna bide the prattle o orra fowk. Syne we kisst an cam thegither there amang the trees in the wee birk wuid under the bricht blue o the lift, wi the leafs o the birks trummlin an whusperin ower us, her dark hair spreid oot amang the bluebells an the sherp scent o the yird ablow.

That wes the bricht warld, the birlin warld o colour an licht that aince wes mine, but noo is gane. It bides noo but in memorie, an a curse on my tormentit saul.

For ae nicht, as we sat in the lee o a wee knowe forenent the birk wuid, she gied me a queer look throu een hauf shut, then jinkit awa frae me tae the edge o the wuid, but as suin as my fuit set doon on the green moss atween the trees, aathing cheyngit. A muckle clack o thunner shook aa the warld aboot me an a sherp stab o licht struck a tree in front o me. The bonny wee birk wes pierct tae the hairt bi the lichtnin an moaned an grat maist piteously as it fell desolat tae the grund.

I stuid an lookit aboot me in the gloamin licht. I was fell amazed, for my luve had gane and I wes left i the middle o a warld I didna ken.

Insteid o the slender stems o the siller birks I stuid surroondit bi runkled orra aiks that glowered on me wi ugsome twistit faces, their brainches raxin oot tae grab at me, rubbin an rattlin thegither in an unco hideous lauchin. I lookit aa roon the clearin whaur I stuid, but I cudna see how I had come there nor yet onie wey oot.

Syne the darkness fell an a bricht muin straggilt oot ower the taps o the trees an shane its freinlie licht ower my enchantit warld. It shawed me a nerra pad leadin oot o the clearin. As I walkit across the bare lichtit space, the muin threw my shadda huge an owerhingin, afore me, sae that it won tae the lang pad forenent me an it wes a gey unco sicht tae watch my shadda gaun doon intil yon dark hole afore me.

In the muinlicht, the shaddas war awesome an wi the leafs blawin lichtlie i the wund the trees seemed aye tae be cheyngin shape sae that it wes hard tae keep the brek in them afore me. When I got there I wes gey feart an didna want tae gaun in.

But as I stuid there, a voice cam oot o the darkness an hung i the air lik the peal o a distant bell. It wes a lassie's voice, clere an strang but wi a shyness in it tae. It wesna the voice o my luve, for it wes a far younger voice mair lik a bairn's, but yet it held me. The bell-lik nottis cam frae deeper in the wuid an meltit wi the soond o the burn an the whusperin o the trees. I coudna work oot the words but the tune itsell wes slaw an stately an mindit me o the chantin o the gray monks in their kirk, doon bi the shore.

Drawn bi the voice I gaed on, followin my shadda intil the black mooth at the edge o the clearin. When I entert it, tho, it wesna as dark as I had thocht it wad be. Muinlicht flichtert throu atween the leafs an brainches an dappilt the pad forenent o me wi an eerie blue an siller licht. The voice cam oot o the darkness again, this time wi a steidie pulse that seemed tae come frae a place juist a wee thing off the path whaur I stuid. Slawlie I pusht throu some briers an steppit off the path an gaed in tae the muin-dappilt darkness. The trunks o the trees glentit an aince I cried oot as I thocht I saw my luve amang the stately slender trunks, but it wes juist a ferlie o the licht. I gethert mysell thegither an gaed on, listenin aye for the sweet voice that had sae unsettilt me.

As I gaed on, it cam tae me that I wes bein drawn onward bi the voice, sae I grew gey cannie an tried tae move slawer an quaeter throu the ferns an saplins an wee scroggie busses as I won nearer the voice itsell. Even gin I had tried, I kent I wadna hae been able tae gaun back til the path. I had tae gae on.

It wes a lassie richt aneuch. Sittin there in the muinlicht singin til hersell an movin quaetly in time tae her sang. Her hair wes lang an shane lik gowd, an rippilt doon her back lik a burn in spate. As she movit, kaims an bows glentit aa throu her hair an sent shafts o licht flashin throu the wuid. I coudna see her face but I kent she wes bonnie bi the wey she movit, an bi the pleasin shape o her back an shoothers. Her feet an her ankles war bare. Steppin lichtlie, I crept across the clearin, her sang birlin in my heid an fauldin an sweepin ower me lik saft fingirs, makkin my haill body trummle wi the sweetness o it.

Whan I cam up behint her, I knelt doon an tuik her slim shoothers in my trummlin hands. I coud feel her quiver a wee at my touch, but she didna stop singin an she didna turn roond or stert awa. Her lovely voice wes noo echoin aa roond us. I buriet my face in her hair an breathed in her scent. Still she didna stert awa or stop singin. My heid reeled an my hairt beat quicker. My lips socht her skin an I kisst her saftly on the back o her neck. I slid my hands doon her back an let my fingirs move roond tae feel the flatness o her belly, then gently tuik her breists in my hands. She leant back agin me an gied a gret sich, bringin her ain hands up tae cover mines an guide them whaur she wantit. Syne she pusht my hands awa an stuid up, an afore I coud win tae my feet she snoovit awa amang the birks.

Still she sang an in the eerie blue licht, I catcht sicht o her again, a white glisk glidin atween the trees. She had kuist off her claes an her white body wes the maist wondrous sicht I hae ever seen, souple an strang, but wi a pleasin saftness at her belly and breist. Beglamourt wi her beautie, I stachert tae my feet an followed her deeper intil the wuid, cryin oot tae her tae bide still, tae come tae me, for I luvit her sairlie.

Wi the bluid stoondin in my heid and my hairt beatin, I gied chase an ettilt tae follow her throu the trees, for I thocht I maun hae the white saftness o her there on the hard fluir o the wuid. I still hadna seen her face, for her lang gowden hair kept it aye weel hidden frae me, but the loveliness o that body flichterin in the muinlicht wes promise eneuch.

I lost sicht o her an stuid gowkin amang the trees. I coud hear her silken lauchter somewhaur aheid, an then I catcht a glisk o her as she nestilt deeper intil the shaddas. Her sang had drappit noo tae a laich hum that lappit saftly roond me an near lullit me tae sleep. As I stuid there, saft fingirs raxt oot an touched me. She wes there beside me an drew me tae her. I near tint my senses aathegither. I kisst her face an throat an ran my fingirs ower her breists. I shut my een an lost mysell in her.

But even as I kisst her, I coud feel her saft white skin growin scabby an scunnersome ablow my lips, an her laich sang turnt inti a coorse screich that pierct me tae the hairt. Her delicat fingirs scartit intae me lik hens' claws an the face I had been kissin sae eydently wes the face o a runkilt auld crone wha slevert throu broken twistit teeth, an cryit oot my name. I turnt an ran shakin throu the wuid, wi her screichs dirlin throu my heid.

Syne I stoppit, my braith comin in gret sabbin gulps, my hairt duntin awa. The grund aneath my feet wes spreid wi dry rustlin leafs an here an there, the trees gied wey tae a bit jummle o rocks an boolders. Frae the corner o my ee I catcht a movement amang the trees, a whiteness movin lik a gaist. It wes a deer, a white deer that gaed saftly throu the wuid withooten soond.

My sicht wavert as I ettilt tae follow the white glimmer throu the trees an busses. A voice cam oot o the trummlin leafy wuids, 'Ye maun kill the white deer, or ye maun wanner the wuid foraye.' The dreid words hung i the air till I begoud tae move eftir the deer.

At first, I ran throu the trees ettlin tae keep the deer in sicht, but it suin cam tae me that the mair I ran, the mair the deer ran tae, sae that I wad never catch it. When I gaed cannie, the deer wad stop an chowe at some leafs or at a bit gress. In the muinlicht, the hide o the deer wes schenand an bricht, an its black een glittert an danced.

Slawlie I gaed eftir it. The sicht o it burnt my hairt. My hands shuik an my een gat sair wi seekin the maik o the deer in the black shaddas o the wuid, but aye I gaed on, for I had tae tak the deer. The words drave me on.

Ye maun kill the white deer.
Ye maun kill the white deer.

The words gaed stoondin throu my heid an sent me sprauchlin throu the wuid efter the deer wi nae thocht for mysell, but anerlie wi the white deer.

The deer itsell seemed tae ken I wes there, for it wad rin, then stop, till I gey near catch up wi't. Syne it wad rin awa, luikin back tae see gin I wes followin. Whiles it wad rin richt in front o me, or richt at me, sae that I had tae move maist gleglie tae win awa frae its sherp hoofs.

Suddenly, I cam intil a bare place richt in the hairt o the wuid, whaur the muinlicht coudna shine throu the heich sherp trees that stuid ower me. Still the words soondit lood an the dark wuid trummilt. I coud hear the soond o the white deer's hoofs, rinnin hard throu the trees. I kent it wad come suin tae this place, sae I waitit, quaet forby the dingin words in my heid an the thunner in my hairt. Still the hoofs cam on an still the words war hemmerin in my heid: *Ye maun kill the white deer.*

It broke oot the trees richt forenent me an ran straucht at me, its bonnie face aa twistit an its black een luikin wildly aboot. I wes held bi the hoofbeats on the forest fluir. I coudna move an it gied a lowp as if tae fling itsell richt ower me, but when it hit me I raxt oot tae cuiver my face. We gaed doon thegither, the deer on tap o me, sae that I coud feel its wecht an the warmth o it. Gruntin an screichin we rummilt ower the mossy fluir o the clearin aa tangilt thegither. The hoofs an teeth war sherp an cut an bit intae my skin an drew bluid. The taste o the bluid mingilt wi the taste an smell o the deer's warm hair as its rouch musky side cuivert my face, its black dugs hard agin my hands as I struggilt tae grup the writhin baist. I got my airm across its thrapple an held it still eneuch tae draw my knife an rype it throu the saft pulsin hairt sae that the bluid ran warm ower my hands an face.

The deer lowpit an rummilt anaeth me an made a noise lik a bairn greetin that made my bluid gang cauld an my haill body shuik wi grue at the thocht o whit I had duin. When it lay still I opent my een, an saw the broken white body o my luve.

ATHOLE CAMERON

CAT AMANG THE FUSCHIAS

A've said it afore an A'll say it again, the hale stramash micht never hae begood, gin the dominie hadnae gane tae Glesca an bocht the metal-detector. If there's a daft ploy tae be gotten, oor dominie'll hae it. The puir wumman he's merried on has a sair trauchle wi his cantrips, like the time he near set the hoose up roastin dandelion ruits in her oven an threapin he wes makkin coffee. It's a mercy she has her flooers, she's a dab hand at the pot plants, an she aye says whitever the Lord and the dominie may send tae try her, she jist keeps a caum souch an gaes an watters her fuschias.

Onywey, this day he wes aff tae Glesca in his auld caur wi the exhaust raittlin like a threshin mill ahint him an 'Susie luvs Wullie troo' scrieved i the stoor on the bunnet, tae gang tae whit he cried an In-Service Coorse. Syne hame he comes i the gloamin, the caur purrin like pussy throu a new pipe, a bag o fertiliser on the back sate for the wife, an the metal-detector, the whilk wes for rakin aboot tae fin heestorical objects, that wad lairn the bairns their local history, it be-in cheenged days sin auld dominie Wabstar rammed in Bruce an the Spider wi roars an palmies.

For a day or twa they scartit aboot the Back Dykes an there wes nae ill in it, but then the gomeril took a hallirackit notion tae tak them tae the Carlin Craigs. When we war bairns we maybe kent naethin aboot archyology, but we kent braw an fine tae bide awa frae the Carlin Craigs. They had an ill name, the Craigs, frae the witches that haudit their Sabbats there, lang syne, afore they war pitten doon by the pooer o the estaiblished kirk, an the Reverend Josiah Broon. Mind you, A've heard tell that mithers wad fleg their bairns at the place, jist sae that they wadna fa ower an get theirsells killt, but there wes mair tae it nor that. It's an eldrich feelin eneuch tae gang by them on a simmer day's daunder, an clean gyte tae gang pokin aboot ablow them wi a metal-detector, raxin up Guid kens whit.

No that they fand muckle, ither than a bool that it turned oot had come wi them, in wee Jimmy McIntosh's pootch. Tho in a mainner o speakin, maybe the burgh got something ooten the troke that naebody wes seekin, ither than Lizzie Morran, that had been ettlin for years tae beat the dominie's wife at the fuschias in the Flooer Show.

It wes wee Jimmy McIntosh that first brocht the clash tae the toon. He comes intae the Provost's shop as bauld as brass, tho a wee thing reid i the face, an says he,

'Provost, there's a muckle cat yowlin oan the tap o the Toon Hoose flagpole. A think it's stuck.'

'Awa ye ill laddie,' says the Provost, 'Hunt the Gowk's by, thae twa month. Whit wey wad a cat get oan the tap o a twenty-fit flag-pole'

Jist wi that, in comes Lizzie Morran, pechin sair. 'Presairve us, Provost,' cries Lizzie. 'Hoo i the warld did yon muckle cat get oan the tap o your flag-pole?'

Weel inasmuch as the Provost aye managed athing wi due decorum throu the richt offeecial chainnels, he phoned the S.S.P.C.A., an the S.S.P.C.A., A tell ye nae lee, said, 'Leave it alane, It'll come doon itsell when it's ready.' The neist day it wes aye there, an the neist. An by this time, hauf the weemin o the toon war staunin aboot the Cross in wee bunches greetin that it wes a cryin shame, an whit kin o a Cooncil wad dae naethin tae help a puir wee pussy that had got stuck up their burocratic flag-pole an coudnae help itsell. Sae the Provost sent for MacAuslans the penters, an they cam wi aw the ledders they had, but nane o them wes lang eneuch. Sae they cut the dockens awa frae the wheel o the Burgh Fire Engine, an hurled it oot, but it wadnae reach aither.

It wes a richt dilemma. There war jist twa things they coud dae. They coud sen for the Coonty Fire Brigade, whilk wad be an affront tae the burgh dignity an cost siller forby, or they coud saw doon the guid flag-pole wi the same unfortinate ootcome. Lettin the cat bide whaur it wes, wesnae an option. The weemen war ready for a lynchin an mutterin aboot stringin the provost up aside the puir wee baudrons gin he didnae dae somethin forby jigglin up an doon on heckle-pins.

Then the dominie got anither o his guid ideas. 'What would you say, Provost, to raising the flag?' he says, apologetic-like. 'The animal might then take hold of it, and could be lowered gently down in the usual way.'

'Man dominie,' cries the Dean o Guild, 'Ye micht hae the richt wey o it there. A wadnae say but it micht wark.'

The Provost wesnae muckle on for the notion, be-in that it wesnae the Queen's Birthday or ither offeecial flag-raisin occasion, but wi the weemen flytin an the bairns greetin an nae backin frae his ain cooncillors, he wes in a ticht corner. But ye'll nae fickle oor Provost. 'Dominie,' says he, 'A daurna authorise the Burgh flag withoot speceefic instructions frae the Loard Lyon. But A'll tell ye whit ye can dae. Ye can hyst that St Andrew's Cross ye bocht for the schulebairns tae re-enact the Battle o Bannockburn in the Coo Pairk.'

Sae that wes the ba i the dominie's coort, an nae muckle he coud dae but agree, an fegs it warked better nor onybody expeckit. For the Cross wes nae mair nor hauf wey up the post whan the cat gied an antrin screich an lowpit clean aff an throu the air, sae that ye wad swear it wes fleein intae the kirkyaird. An there it landit, slap on the croon o the monument tae the Reverend Josiah Broon, erected by his devoted parishioners. This wes the great Josiah Broon, ye ken, him that wes terrible doon on witches, an got Maggie Morran brunt on the burgh muir, nae lang afore he depairted this warld.

An there it bade, screichin an scartin oot at onybody that cam wi'in a yaird o it, a muckle black baste, wi a pair o awesome glarin een an fangs like thae new-fangled gress rakes.

Ye can never be up tae the cheengin opeenions o weemen. Twa meenits syne it had been a puir wee cheetie, noo it wes a nesty bruit that wes a menace tae their bairns, desecratin the kirkyaird, no tae mention vandalisin the Reverend Josiah, an the Cooncil's business.

The Provost telt the Toon's Officer tae get it oot, but the Toon's Officer said it wes against his union and forby, it wes his hauf-day. Sae the Provost made tae remit it tae the Convener o Pairks an Ceimetries for immediate action, but the Convener o Pairks an Ceimetries had jist that meenit taen an awfy stound o the lumbagy an gane hame tae his bed. The Provost begood tae wish he'd left weel alane, an the muckle bruit up the pole, wi naethin it coud scairt but the lift.

He wad never hae thocht tae lippen tae Lizzie Morran, that wes gey fushionless ither than at growin fuschias, but noo she warstled throu the crood an merched up tae the Reverent Josiah quite joco. 'Pussy,' she cackles, 'wha's a bonny pussy baudrons then? Come awa doon tae Lizzie an content yersell.' An the muckle baste gied ower the yowlin an stertit tae mak a roosty kin o raitlin soond that micht hae been intendit for a purr. Syne doon it lap an rubbit itsell agin Lizzie's legs, an the neist thing we kent, there wes Lizzie gaun prickmaleerie doon the croon o the causey, wi the muckle black bruit ahint her wavin its tail as if it wes on a weel-kent road hame. An wi Lizzie it bade, an bides there yet.

Naething fell byordnar in that, ye micht think. Ay, but whaur the tale gets mair unchancy is when ye ken aboot the dominie's wife's fuschias. Frae the oor the muckle cat cam doon aff the tombstane, the dominie's wife's fuschias begood tae hing dowie-like, an nae wey coud onybody jalouse whit ailed them. Wan thing sure, it wesnae the weather, for Lizzie's, twa doors doon the street, war growin blithe as a merrage bell, an come the day o the Show, they had blooms on them like rhododendrons. An whan Lizzie merched up for the siller caup, wi the black cat stalkin ahint her wavin its tail, ye wad swear it had a grin on its face.

Masell, gin A hae ony opeenions on the maitter, A'll keep them tae masell, an gang ower the gait canny-like gin the muckle glowerin baste is keekin throu Lizzie's yett. There's nae pynt in temptin Providence, or its opposite, an that's maybe whit the dominie's wife wes thinkin whan she gied the metal-detector tae the Playgroup Jummle Sale. They tell me her fuschias are perkin up brawlie.

Weel, you tell me the wey a muckle black cat wad get tae the tap o a twenty-fit flag-pole, ither than by faain aff a broomstick; gaist's, goblin's or Lizzie's great-grandmither's?

HOWGATE

'In memory of a portioner in Howgate and his son, a minister of the Seceder Kirk'. Lairstane, St Mungo's Kirkyaird.

Ice-shot frae the Siller Burn, the gale
soums ower the Moss
dirlin the fankled thorns wi progs o hail
skirlin for loss.
The lowerin day drags ahint Scald Law.
The morn we'll see snaw.

Snod i the neuk o the brae
in Saint Mungo's ward
they bide happit-deep an still
for their kent reward,
crofters o Howgate, wrichts
frae the Siller Burn—
haird darg wi sma return.

Heich on the frostit hill whaur the loanin rins
outower tae the Ha's
the leam o the deein day lichts ower the braes
tae the hawthorn raws
an the berried hert flares reid
in a bleezin lowe
i the breist o the dour haird howe.

The rigs they wrocht are langsyne smoored in gress
their dour faith tint,
nae mindin nou o the dree o the haird day's darg
for thaim that comes ahint—
or o thaim that siccar held, leal i the deid o the year,
that lowe that maun abide:
the hert o the ward-fire's leam on the stey brae-side.

PETER CAMERON

A BAIRN'S CHRISTMAS IN SCOTLAND

Langsyne, langsyne, afore Adam pit on his breeks, when the Grampian Mountains war mowdiehills, when aa the burns war crystal, an aa the fowk war wee…

Langsyne, when I wes a bairn, at Christmas-time.

I'd wauken betimes, afore the dayshift horn, and list til ilka peerie sound o nicht. I'd hear the toun clock chappin…ane…twa…three …fower…what's thon? The souch o the norlan wund, or the pech-pech o reindeers, traivelled far?

An thon? The clash o a pit bogie, or Santa Claus gaun heels-owre-gowdie doun Mistress Carmichael's lum?

And then again naething, binna the reeshle o the pouthery snaw fornent the winnock-pane, and the saft blaw o the gas in the leerie lamp outby.

Wheesht, wheesht, inby the quiet houss. Has Santa been yet? As I crept stownlins doun the stair, the wind in the lum sang:

> Bee baw bairnikie,
> Bee baw balou,
> It's Christmas Day in Scotland,
> Come aw throu!
> Fantoosh and fal-lal,
> Dae ye no ken?
> It's Christmas Day in Scotland,
> Come awa ben!

Sae ben I gaed, and naething could I see ava, binna the licht o the getherin-coal reemlin on the wa.

There wes a gundy smell, and a tangeriny smell, and a broun-paper smell that gruppit me bi the thrapple. And an ablow-the-grund smell, o carbide and cauld stane, and that wes ma faither's sark, hingin to dry on a chairback.

* * *

After breakfast it wes out in the braw snaw in pawkies and gravat. I passed the swings in the park, froze in mid-swee, and yon corner whare aye some bird lay deid—a speug aiblins, a common jockie, nae

28

riband on his hodden coat, and his wee sang sung. Or a yorlin mebbe, the King o Spain's ae dochter, deid in silk and gowd.

And owre yonder bi the drinkin-well is whare we focht, Hector Broun and masell, efter he gied me the courdy-lick and caa'd me mammie's big tawpie. An thon's the very plainstane whare I bled!

* * *

In Rankeillor Street, I met Dod Meikle, the milkman, and his horse Majestic. It wes gey late for them, and the auld wifies in curly-fuffs and baffies war giein them dirdum.

'Whatna time's this, Dod? Is it no about time you niffered that naig for a cuddy?'

Majestic never goamed them. He wes abune aa sic.

But the auld men war the worst. Girny, carnaptious, wi birsly chins and tousy heids, their galluses trailin on the scullery flair, mous creeshy wi ham and egg—ill-faured, ill-naitured scunners!

In the neist vennel, the bairns war bungin snaw-baas at Jock Bain, the Saft Sergeant, wha hurt his heid in the war. Caperin ahint him, they cried:

> Bainy, Bainy,
> Jine the German Airmy!
> The Kaiser's comin doun the street,
> Tacketty buits on his big splay feet—
> Bainy, Bainy,
> Jine the German Airmy!

And then Jock burst out greetin, and chased the bairns skellochin awa doun Jamieson's Close.

* * *

At the turn o the day, the deer cam, to cowp the Lawland buckets and pree a kail runt. He keekit firstlins owre the hedge. Man, but he wes bonny! Draigly-coatit, spindle-shankit, wi the cauld and hunger o the winter and the bens on him. Man, but he wes bonny! Ma braith made a sang throu the rinnin fleurs o frost on the winnock-pane:

> Roe deer, roe deer, rin awa hame,
> Ye'll brak your leg on a causie stane—

29

Ye'll catch your horn on a leerie licht,
Flee awa hame, afore it gets nicht!
Roe deer, roe deer, ye've far to gae,
It's blawin snaw, and the turn o the day!
I'll gie ye a gowpen o pan-loaf breid,
And a peerie wee bell to hing ablow your heid!

* * *

At fower, in the purpie gloamin, ma faither cam hame. The horn blew, the pit skailed, and the wynds and vennels o the coal raws war hotchin wi blecks in pit claes. The laddies bunged gray snawbaas ane at anither, while their faithers stilpt hame weel-daein and douce as clarty elders, their carbide lamps leamin white afore them like shoogly stars.

Wha's comin in our yett? A Zulu in moleskins, or ma faither?

* * *

The day has lang syne gane, in reid and gowd ahint the cauld mountain rigs, and I lay abed bi cannle licht. Gaun til the lavvy, I keekit out, owre the snaw. It wes midmaist nicht. The wind blawed luely, the snaw flew saftly, like petals ava, but frae whatna trees? Aathing wes still, nae lintie sang, ilka bird wes in her nest. The sea-maas slept on the breist o the wave, and the polis in the polis-station saftly slept. (Wha'd swick and steal on Christmas Day?) The provost lay bein and warm in his ermine gounie in the chalmer abune his sweetie-shop, and Santa Claus had a last dram bi his ain fireside in Lapland, a hunder thankfu miles frae ony bairn.

There wes naething o kin or kindness in aa the braid snaw, binna a peerie star in the firmament aa its lane, keekin doun on the cauld white warld birlin in space like a bairnie's baa.

The dugs lay clappit in their kennels in the deep gairdens as cosh and cosy as huskies in the Klondike, and in the warm o Dod Meikle's byre, Majestic whuffled til himsell:

Ma name is bauld Majestic,
I'm nae sheep-shank;
I'm a naigie o renown,
A beastie o rank!
I wes namely in the Horse Marines,
A maist splendiferous cuddy!

The baxter's naig's a rickle o banes,
— The store horse is duddy!
Ye wadna hae your soordook,
Or milk for your tea;
Ye couldna sup your parritch
If it wesna for me!

He keekit sidelins at the cattle-beasts, and whuffled: 'Nae cou has ony conversation!'

Outby, the mune soumed out frae ahint a cloud, and leamed on the white bings like hameart Himalayas, and a wund cam in frae the back o the bens, and the snaw wi't.

And yae bell chappt owre the snaw-happit toun, and brocht in Saint Stephen's Day.

DONALD CAMPBELL

ROBERT McLELLAN—THE PLAYWRICHT

Gin Robert McLellan had been a Suddron scriever, there's smaa dout that his brou wad've been fair lappered wi laurels bi this time. The English hae a richt regaird for dramatists and afore nou, as like as no, he'd been *Sir* Robert McLellan or Robert McLellan, O.B.E. at the vera least. As it was, he micht indeed hae won fame and fortune, gin he'd taen the chance he was gien—in the thirties—to quit Scotland aathegither and scrieve for the Suddron cinema. It's as weill for us aa that McLellan's aye had mair thocht for his airt nor his pootch.

For lang aneuch nou, there's been a sair need in Scotland for a theatre o our ain. The orra concerns o Jock Tamson and his bairns maun be considered in a Scottis licht and the want o a guid Scots Theatre is ae reasoun for the Scottis communitie bein sweirt and backward in this respeck. Aften aneuch, we hear a feck o thriepin anent 'World Drama' and 'International Theatre'—but aa sic thriepins aye mislippen the shair fact that *aa* theatre maun be national afore it's ocht ava. The Suddron theatre itsel aye maks siccar that it's Suddron first—and International onlie efterhand. For aa that, gin the theatre in Scotland's tae *dae* ocht ava, it maun tak tent to uis Scots tools for a Scots darg—it maun be a Scottis theatre in speerit as weill as name.

Forty year syne, McLellan saw the truith o this—and tint nae time

31

in settin his hand til the pleuch and drillin the tapmaist rig o the pairk that becam the Modren Scots Drama. His darg was to turn out to be lang, trachlin and byordnar teuch. Sen the grund hadna been turned sen the days o Sir Davie Lyndsay, the sile was ill to shift and, forby, the craws werena slaw to gaither. Aside frae the fact that there was nae rowth o actors wha'd dae ocht ither but 'runkle up their nebs at guid, braid Lallans', there was a feck o chiels and lassies, dependin on the Scottis Theatre bidan Suddron in aa but name, wha werena blate in miscaain McLellan and the ither Scots dramatists whenever they'd gotten the chance. Feart for their jobs, thir fowk ettled to mak siccar that the Modren Scots Drama wad never see the licht o day— and they geynear bore the gree.

Ither scrievers—amang them Gunn, Linklater, Scott and Reid— turned awa in scunner. They canna be blamed for it; a scriever, like aabody ither, maun dae nae mair nor what he's fit for and, as we aa ken, there was a fowth o ither pairks to be pleuched anaa. McLellan tho, he kent that he was a dramatist afore he was ocht—and he tholed the trock o it aa, scrievin play efter play in the singin Scots leid that he loes sae weill. The endpynt o his life's darg nou kythes afore us— Scotland, or lang, 'll gaither in a hairst o dramatic literature sic as we haena seen for centuries.

Siccan a hairst wad hardly hae been likely withouten the grund-brakkin wark o Robert McLellan. I canna speak of ither scrievers, but I ken fine mysel that, gin I hadna seen *Jamie the Saxt, Young Auchinleck, The Flooers o Edinburgh* or *The Hypocrite*, I'd never hae thocht to scrieve a line o dialogue for the stage. That's no to say, mind ye, that I ettle mysel at bein anither McLellan—in mony weys, his drama's an aathegither different kettle o fish bi mine—but there's nae dout that McLellan showed me the gait to tak. In *The Hypocrite*, for ensample, I keppit a glisk o the byordnar pooer that micht be generatit bi a skeely juxtaposition o Scots wi Suddron—and that insicht brocht me to a dramatic style that I uised in *The Jesuit*.

Ithers, I jalouse, stand nae less in McLellan's debt. Withouten his seminal influence, we'd aa be back where he stairtit. As it is, the Modren Scots Drama is on the move and winna be stopped bi aa the craws in creation—wi plays sic as *Willie Rough, The Rising, The Hard Man* and *The Sea Change* (juist to pick a puckle) makin up a body o wark that's grouwin and brairdin forrit aa the time. I'm no sayin that aa thir plays were wrocht frae the influence o McLellan—but maist o them were scrievit out o a desyre for the creation o a Modren Scots Drama, the desyre that's aye lain at the hert o McLellan's wark.

When I think on it, it's as weill that Robert McLellan isna a Suddron scriever. The laurel leaves and the knichtheids and the medals wad, I've nae dout, leave him cauld. When aa's said and dune, he's the Faither o the Modren Scots Drama—and I'm shair that he's weill pleased wi that.

THREE AULD CARLS

(Marbhrann do Thruir Sheann Fhleasgach)
Frae the Gaelic o Rob Donn Mackay

Laid low and mean-like
nou ligg thir dowie three,
tho lifey, hale and bien-like
were they last Hogmanay;
the year is fairly young yet,
ten days auld, that's aa;
wha recks God's michty trumpet
'll no cry him anaa?

The same year saw twa brither
come frae the ae wame,
and they've been aye thegither
richt frae their bairntime hame.
Daith didna break their britherheid
but bund it up mair ticht;
sib til their common mitherheid,
they baith dee'd in ae nicht.

Ae mither, faither brocht them up,
thir brithers here the nou,
and ae lane lifetime wrocht them up,
claithed them in ae oo.
Their last braith was the meanest,
their nature less nor brave;
they're murned by just the keenest
an raxed out in ae grave.

33

They never troubled ither chiels
leastweys, nane said they did;
nor yet, afore they cowped the creels
did they dae ocht o guid.
Born the same and grown the same,
baith frae the same seed,
they walked the plank til their last hame
and bide thegither, deid.

Does that no tell it bauld then
til we wha yet hae life?
Maist o aa, the auld men
wha never took a wife;
wha even shirk the duty
to keep themselves in meat,
and bury aa their booty
to feed their funeral treat.

Alane they came, alane they gae
wi nae bairns at their back.
Their treisor sits on thonder brae
for dogs and birds to tak.
They'll share ae condemnation
that nane'll speak at me.
Gowd o accumulation
wad better unmined be.

The Lord, wi unco wyceness
left some fowk sair depressed
to try the grace and niceness
o ithers that he blessed;
what for dae we no share then
some pairt o what we've got
that, wi God's aid, the puir men
micht mak mair o their lot?

I've done my best to pen it,
wi fient the thocht o scairts,
the truth, that ye micht ken it
and tak it til your herts.
Yet, I ken fine it's nae guid,
ye'll never dae what's richt,
nae mair nor thir auld buggers did
a week ago the nicht.

THE NEW TESTAMENT IN SCOTS

(Published for the Trustees o the W L Lorimer Memorial
Trust Fund bi Southside Publishers)

Portions Waled Frae the New Testament in Scots (SCOTSOUN)

Ae thing maun be said plain afore ocht ither. This is a michty buik, a
maisterwark wrocht bi a maister scholar in a darg that lastit nearhand
twintie year. Sic a muckle-boukit quair's no handy—it fair taks the
braith awa and gars a body pech at the ferlie o't. The questions that
ye'd speir for ordnar coont for nocht. *Is it a guid owresettin? Ill tae read
or no? Leal tae the Greek? Is the Scots naitral and evendoun?* Nane o thir
speirins maitters a docken. The darg's been dune, the buik's tae hand,
it's there afore ye and there's nae gait past it. The haill New Testa-
ment has been brocht frae its springheid o Greek intil the gurly
wanchancy watters o our ain trauchled tung. Mair nor ony ither wark
in Scots that's been prentit this centurie, the seely sicht o't in yer hand
bears the gree by its lane.

E'en sae, there maun be twa-thrie maitters anent the quair that
want our attention. Firstlin, we maun hae a bit threip anent the endpynt
o the wark. Ettles it tae be uised in the kirks and gif sae, will the kirks
uise it? Sic a speirin's no juist as semple as it micht seem. For centu-
ries nou, the owresettin bi King Jeames has been the ane that's best-kent
and beluvit. Thon winna chynge i ae blenk. This is nocht tae dae wi
language—King Jeames, as we aa ken, is gey auld-farrant—but wi
parattick. Fowk *ken* the King Jeames, it speaks tae them in a wey that
gaes far ayont the ordnar. For ensample, tak this faur-kent text frae
the Gospel accordin tae St Matthew anent Jesus in the Garth o
Gethsemane. In the owresettin o King Jeames, it reads:

35

Then cometh Jesus with them unto a place called Gethsemane, and saith unto the disciples, Sit ye here, while I go and pray yonder. And he took with him Peter and the two sons of Zebedee, and began to be sorrowful and very heavy. Then saith he unto them, My soul is exceeding sorrowful, even unto death: tarry ye here and watch with me. And he went a little farther, and fell on his face and prayed, saying, O my Father, if it be possible, let this cup pass from me; nevertheless, not as I will, but as thou wilt.

Sae King Jeames. Lorimer has it in this wyse:

Syne Jesus cam wi his disciples til a dail caa'd Gethsemanie; an here he said tae them: 'Lean ye doun here, till I gang yont and pray.' But he tuik Peter an the twa sons o Zebedee wi him. An nou unco dule an dridder cam owre him, an he said tae them, 'My saul is like tae die for dule: bide ye here wi me, an haud ye wauken.' Than he gaed a wee faurer on an, castin himsel doun on grund, prayed, sayin, 'Faither, gin it can be, lat this caup gang by me: yit no as I will, but as thou wills.'

Weill nou, we can aa see the differ plain aneuch—yit the differ's no juist in the wurds. King Jeames scrieves a speak that ettles tae flee heich, that can be spokken tae the fowk wi mense and decorum. It ettlesna tae be hamelike—an yit, throu centuries o uiss, it has become sae. Gin Lorimer's owresettin wad get roun til a like hameliness, it maun be uised as muckle as King Jeames has been. At ilka time a bible blissin's wantit—at waddins, yirdins, kirsenins and the like—King Jeames'll need tae gie owre til Lorimer.

There's anither side til this, mind ye. It micht weill be said—aiblins richtly—that King Jeames has grown aathegither owre hamelike for the uiss o the kirks, that it's been uised sae muckle that fowk hae tint aa rale sense o't. Lorimer's vivie owresettin micht weill gie wurshippers a fresh glent o the gospels, heezin up the Christian faith wechtily in the bygaein. Thon's aiblins a guid threip, but I jalouse that it's no juist guid aneuch. Aabody that kens the kirks kens weill that there's mony a Presbyterian elder and Catholic priest that runkles up his neb at guid, braid Scots. Thir fowk maunna be insensit withouten a feck o threipin—we maun antle awa at them.

The kirks aside, tho, the buik has ither uises. As is weill kent, the Scots leid has lang wantit a standart authoritie tae guid us in the scrievin o Scots prose. Wantin siccan authoritie, Scots scrievers hae whiles had a sair job o't tae spell the leid in a wey that aabody ither wad ken. Aince or twice, there's been a bit collogue amang scrievers that ettled tae gree on a standart spellin—but maistly, fowk hae been content tae gang their ain gait. Nou we hae an authoritie—no a standart, mind, for Lorimer scrieves in mair nor ane fashoun—that canna fail tae gie us guid guidance in the scrievin o Scots prose.

The truith o this can be fund in ilka airt o the buik, but is maist clearly seen in the *Acks o the Apostles* and the *Letters* o Paul. Scots has aye been a lifey aneuch leid for tellin a tale or singin a sang, but no aathegither handy (for a hantle o reasons we needna fash wirsels wi the nou) for the makkin o argiement and debait o ideas. It's aiblins Lorimer's grandest triumph that he has wrocht a leid that can be uised in this wyse. Bi wey o ensample, tak tent o this walin frae Paul's *Letter tae the Hebrews*:

Nou, faith is the warrantie o our howps, the pruif at things at downa be seen is rael. It wis for their faith at the men o auld is weill spokken in Scriptur. Bi faith we ar insensed at the warld wis made bi God's Wurd, sae at aathing we see cam furth o things at downa be seen.

Bi faith Abel offert up a better sacrifice tae God nor Cain, an we read at his gift wis acceptit, whilk is God's testimonie at he wis a richteous man; an efter he wis felled, he ey spak, throu faith.

Because he hed faith, Enoch wis flittit frae the yird onpree'd deith; hilt nor hair o him wis seen, we ar tauld, because God hed flittit him. For witness is borne him in Scriptur at, afore he wes flittit, he hed pleised God, an wantin faith a man can nane pleise God; for him at comes tae God maun believe twa things—first, at he is; an saicond, at he rewairds them at seeks him.

Thon's teuch, teuch Scots—teuch aneuch, shairly, tae gar e'en the maist weill-versit amang us rinnin til their Jamiesons, Warracks and S.N.D.s! There's nae faut in that. The thocht, efter aa, is as teuch as the language that phrases it and wad tak skill tae phrase in ony leid. But is this no juist what we've been efter a hanlawhile—a leid that sairves the ingyne as weill as the imagination? For owre lang nou, Scots has been regairdit bi sae mony as nae mair nor a bairnspeak, while ithers hae socht tae mak out that it's a made-like tung, hame-wrocht and simulate. Lorimer's michty wark gies the lee til aa thir pick-fauts, heezin up the *Scots leid* wechtily in the bygaein.

The Scotsoun cassette 'Portions Waled Frae the New Testament in Scots' is a weill-wrocht bit o wark by its lane. The Very Rev. Prof. R.S. Barber, Frank Bryson, Dr R.G. Cant, R.L.C. Lorimer, Robert McLellan, William Maitland and David Stephen aa gie wyce-like and gospel-hertit readins o the wark. The ae faut in the cassette lies in the fack that aa the voices sound sae like ane anither that ye whiles wonder gif ye're listenin tae a gaitherin o kirk elders. A lassie's voice—or a bairn's—wad hae gien the recordin a puckle colour. For aa that, this cassette's a braw testament tae the ongaun life o the Scots leid as weill as bein a uisfu guide for the interestit non-Scots speaker.

The late W.L. Lorimer had a lang and sair tyauve in the makkin o this owresettin. Atween the stairt and feenish o the darg, a score o years gaed by. Gin this tyauve wasna lang eneuch, the publishin o the wark has taen a like tyauve. It's been weill worth the wait, for this is a braw ensample o the buik-makar's craft. Bonnily bund and prentit, it's cannily laid out wi mony a mensefu note. The editor's introductioun gies us a grand insicht intil the life an ingyne that brocht this owresettin tae life. Like his faither afore him, Robin Lorimer, the greatest buik-makar o our time, is aye throu-gaun in aa that he dis, and this buik's a maisterwark in mair senses nor ane.

ALEXANDER SCOTT—MAISTER MAKER

I maun begin wi a confessioun. Whenever I think on Alexander Scott, I'm minded on what the great Irish dramatist, George Bernard Shaw, aince tellt our ain James Bridie. 'Gin there hadna been ony *me*' quo Shaw tae Bridie, 'there wadna been ony *you*!'—and he was richt aneuch! Alex Scott never said sic a thing to me, yet, gin he had, he wadna been far wrang. In his plays, his buik on Soutar and, abune aa, in his verse, I fund my first inspiration and, in truith, even nou, in thir times—and aa makars ken them—when the poetic spirit grows parritch-hairtit, I turn tae the work o Alex Scott tae gar my creative juices rin anew. He was, bides yet, and aye will be, my literary hero.

Gin ye'd speir at me, tho, what gars me haud him in sic heich estime, I'm no shair that I can gie ye a trig and easy answer. Humour was pairt o't, nae dout. Alex was a man wha aye had a feck o that. I mind aince, geynear twenty year syne, we were thegither at some Airts Cooncil receptioun or ither. Alex had on him a gray suit wi flares at the bottoms and ane o thae flooery kinna ties—what they used tae cry a 'psychedelic' pattren—that were aa the rage at the time. His hair was doun tae his shouders and he had a cigarette in tane hand and a gless o whisky in tither. The clash turned, naitrally aneuch, to some ither Scottish makar and Alex made the observe that 'the trouble with him is that he's always trying to be so damned *trendy*!' I catcht his ee and kent richt awa that he'd seen the irony in what he'd said—for he threw back his heid and laucht. Alex's humour was aye a guid humour —he was never feared tae lauch at himsell.

He had a deal o smeddum anaa. Nae maitter hou he claithed himsell, his work as a makar was never in the least trendy and, when it came tae literature, he didna gie a fig for fashioun. Gin this led tae some sair knocks, he was aye ready tae thole them. 'Stamina is what counts in this game, kid!' he aince tellt me—advyce that's aye stuid me in guid steid—an Alex was aye strang on the principles o the Scottis Literary Renaissance, nae maitter what the cost til himsell. He trauchled lang and hard in the cause o Scots literature and we aa ken that Scotland owes Alexander Scott a muckle debt for that. As a scriever, as a scholar, as a dramatist, as a braidcaster, as a critic, as an actor, as an organiser and as an editor, his haill life was devotit til the cause o Scottis literary culture.

For aa that, it is aye as a makar that we should mind him. Tae my mind, there's no anither makar o Alex's generatioun that's his maik in maistery o the makar's *craft*. His reputatioun michtna yet be as heich as that o MacDiarmid, Goodsir Smith or even Robert Garioch, but he was aye skeelier nor them aa on the technical side. For ensample, hae a read o *Young Byron in Aberdeen*, aiblins no the maist weill-kent o Alex's poems! In truith, it's a minor piece, juist twal lines lang and withouten ony profundity in its concairn. Dinna mislippen, tho, tae tak tent o the wey that the verse has been wrocht. In the first twa lines, Alex strikes a balance that's geynear perfect:

> Thon hirplan bairn wi the face o an angel
> Will sing like a lintie and love like a deil.

His grip on this balance never slackens, keepin the poem in thrall til the conclusioun tae sic an extent that ye barely notice the sempil rhyme-scheme o *ABBA, CDDC, EFFE*. The haill thing seems spontaneous, claucht out o the thin air and no a maitter o craft ava. Sic simplicity taks unco skill.

It is by the uiss o sic skill that the quality o magic is brocht til the makar's airt. The idea o magic, nae dout, is like tae be lichtlit in our day and age, wi mony a critic—ay, and mony a makar anaa!—daelin wi poetry as if it was nocht but a maitter o 'chopped-up prose'. Ye'd no find Alex Scott giein sustenance tae sic a view, for he'd aye threip that the duty o the makar was 'to express the inexpressible' and he aye ettled tae dae juist that. Sen he was nae mair nor human, he'd whiles fail, but we needna be fashed wi thon. The wonder is that he'd

hit the merk sae aften and sae weill. Poems sic as *Continent o Venus,
Steel on Stane, Great Eneuch, From You, My Love, Heart of Stone* (tae my
mind, his finest creation), *Dear Deid Dancer, To Mourn Jayne Mansfield,*
and *Ballade of Beauties* (tae wale nae mair nor a puckle) mark Alexan-
der Scott as the finest makar o lyric verse Scotland has seen this century.
My ain favourite is *Great Eneuch,* o the whilk this is the hindmaist
verse.

> And loss is great eneuch that wants the haill
> (Aa life, aa space, aa time) and aye maun fail
> To win thon prize, yet canna cease to sing
> The strivin for't o ilka separate sel—
> And siccan sangs frae my ain lack I'd wring,
> Gin I was great eneuch.

Weill he was aye great eneuch for me—and no juist for me. Indeed,
whenever fowk turn tae poetry for emotioun, wit and the sheer joy o
sang, they'll aye be shair tae find it in the wark o Alexander Scott.

LAVINIA DERWENT

THE TATTIE-BOGLE

Erchie had aye ettled for a gairden. His heid wes fou o compost-heaps
an watterin-cans an sub-soil;but he bade in a single-end wi a jawbox
(an Mrs Erchie) fower-stair-up in a tenement, an coudna even get tryin
his horticultural expeeriments on a windy-box, for it interfered wi
Mrs Erchie's hobby o hingin-oot. Sae the only thing for't wes to pit his
feet on the fender an read *The Fireside Gardener*, and blether aboot the
rotation o crops as if he owned twa-three hunner acre an a hirsel forby.

Hooever, there cam a day when at lang-last he got flitted to a hoose
in a raw, wi a but-end an a ben-end, an a wee bit gairden in the front,
an tram-cars an buses birlin by like stour. It wes that sma, it micht hae
been made for ane o the Seeven Dwarfs, but still an on, it wes a gairden,
an Erchie wes naither to haud nor to bind.

'What are ye gaun to plant in't?' speired Mrs Erchie, wha wad
raither hae been back in the tenement, hingin oot. 'Flouers?'

'Tatties,' quo Erchie, wi the rotation o crops still whurlin aboot in
his heid. 'An mebbe a pickle peas, an a handfu o ingans an twa-three

collyflouers an a wheen neeps.'

'What aboot a palm-tree when ye're aboot it?' said Mrs Erchie, sarcastic-like.

Ah weel, i the hinner-end, it wes a kind o mixty-maxty that cam up, wi a guid hantle o weeds thrawn in; but Erchie wes as prood o his handiwaurk as if he had planted the Gairden o Eden single-handed. There wes only ae snag, apairt frae the weeds.

'Speugs!' quo Erchie, diggin up a divot an chuckin it at twae birds that had flewn in for their denners. 'I didna ken there were sae mony in the warld, an the hale jing-bang o them come gallivantin into *ma* gairden, peckin up ma peas, an makin a fair slaister o ma strawberries.' He had six strawberries, nae mair an nae less, but it wes aye something. 'I've a guid mind to get haud o a gun.'

'Ye'd be better wi a tattie-bogle,' quo Mrs Erchie, ruggin up a dandylion.

'A tattie-bogle! Michty me! Whaur d'ye think I'd pit it? It wad need to be a gey sma ane, for I canna even get room for ma radishes,' said Erchie, scartin his powe, but ye coud see he wes taen on wi the idea.

'Ye coud pit it on the path,' said Mrs Erchie; (if ye could ca it a path). 'I tell ye what, ye can have Mary-Ann. I'm feenished wi her.'

Erchie opened his een wide, an says he, 'Goveydick! whaever heard o a female tattie-bogle? Forby, Mary-Ann'll be far ower perjinct for siccan a job.'

'Och weel, I've made the offer,' said Mrs Erchie, an dichtit her hands.

Sae i the hinner-end, Mary Ann took ower the job o gliffin awa the speugs frae the gairden. She wes ane o thon wax dummies ye see in shop-windies. Mrs Erchie had gotten her as a pairtin gift when she left the dressmakin to get mairrit, an she'd made aa her claes on her sinsyne; but noo that her een had gied oot on her, an she wesnae sewin ony mair, Mary Ann wes thrawn idle.

There wes nae dout she'd seen better days, but for aa that she wes terrible life-like, espaicially when she wes rigged-oot in a cast-aff skirt o Mrs Erchie's wi a reid hug-me-ticht on tap, an auld straw basher on her heid an a feather boa flung roond her shouthers.

'Ma certies! She's the spittin image o your Auntie Kate,' said Erchie, as he set Mary-Ann doon on the gairden path. 'She fair gies me a turn every time I look at her. I'll be expeckin her to skirl: "Come on, man, get doon on your hunkers an pou up thae weeds. Pit some smeddum in't!" Hooever, if she gliffs the speugs, that's the main thing.'

There were nae twae weys aboot it, Mary-Ann wes awfu life-like.

In fact, the first mornin he saw her, the Postie handed her the letters; an that same efternune, the meenister raised his hat to her as he gaed by the yett; an aw the bairns in the neiborhood shouted, 'Thraw back oor baw,' when it cam stottin ower the fence; an even the fowk in the tramcars an buses gied her a bit wave in the bygaun. An as for Erchie, he wes mair at ease when he wes daein things ahint her back than fornent her face.

Afore lang she wes a fameeliar figure i the district, wi her reid hug-me-ticht an her straw basher an her feather boa flappin in the breeze. An she fairly did her job weel, for the speugs daurna shaw as muckle as a feather near her, an Erchie maintained she even gliffed awa the worms. An, mind, ye coudna blame them, for she had a gey thrawn look aboot her.

'The verra dooble o your Auntie Kate,' said Erchie. An there she stood, in rain or shine; an on wat days, Mrs Erchie—she wes terrible saft-hairted—wad come oot wi an auld umbrelly wantin a wheen spokes, an fix it abune Mary-Ann's heid. Ah weel, it cam to the bit when Erchie an the wife were gaun doon the watter for their holidays. Erchie had bocht a new skippet-bunnet, as usual, but this year his hairt wesna in't, in a mainner o speakin.

'I'm sweirt to leave ma gairden,' quo he, lookin roond at his twa-three yairds as if it wes the Promised Land. 'If there wes room for twae deck-chairs, we'd be as weel to bide at hame an keep an ee on the ingans.'

But: 'Toots! Mary-Ann'll look efter them; that's what she's there for. An, forby, I've got the portmanty packed,' said Mrs Erchie.

Sae, onywey, awa they gaed wi a bit wave to Mary-Ann, an the last thing they saw o her wes her feather boa, an a speug fleein for dear life efter takin ae look at her.

Ah weel, they should hae enjoyed their holiday, for it wes the sunniest fortnicht i the year; an Erchie wes gey gled o his skippet-bunnet or his hair wad hae been birstled aff his heid aathegither. An as for Mrs Erchie, she got reider an reider as the fortnicht won on, wi a fine crop o fernytickles, forby, an the twae o them even gaed the length o paiddlin as far up as their knees. But for aw that, ye coudna say they were enjoyin theirsells, for they coudna get the gairden oot their heids.

Day in, day oot, they wad sit on the sand sookin sliders, an the tane wad say to the tither. 'Here, I wunner if thon rambler-rose has stertit creepin?'(This wes Mrs Erchie, ye coud see she didna like the idea o Mary-Ann be-in scarted.)

'Ma carrots'll be fair wabbit for want o watter, an me no there to slocken their drooth. Fegs! I wush ma fortnicht wes up.'(This wes Erchie, goamin the waves, an wushin he had some o them at hame in his watterin-can.)

Even on, they blethered aboot the gairden, till they'd transformed it, in their imagination, intil a perfect paradise o roses an collyflouers, candytuft an carrots, an lilies an leeks. An time an again they thankit their stars for Mary-Ann. 'Dod! if only she'd been handy wi a hose, I coud hae enjoyed ma paiddlin a lot better,' sighed Erchie, rowin up his trouser legs.

Ah weel, they were as pleased as punch when the fortnicht feenished an they were on their road hame, baith lookin as if they'd been biled i the kail-pat, an cairryin plants ablow their oxters, an packets o seeds i their pootches to pit in the gairden if they coud find twa-three inches to spare.

'We'll gang up the stair in the tram-car, an get a better view o Mary-Ann,' quo Erchie; an up he gaed, cairryin the portmanty, an fair stechin wi excitement.

'Mexty! ma hairt's fair thumpin,' said Mrs Erchie, as she sclimmed the stair. Syne: '*She's* no there! I canna see her...Oh ay! thonder she's. See, Erchie! Wave to Mary-Ann!'

Erchie took aff his skippet-bunnet, an put it back on again. 'Goveydick! she's wavin to us,' said he, fair dumfoonert. 'An whit's mair, she's moved her poseetion. She's no on the path; she's standin on the doorstep.'

Mrs Erchie nearly fell oot the tram-car, an her fernytickles faded clean awa, for richt eneuch, Mary Ann had flitted. There she wes, as jacko as ye like, standin on the doorstep, wavin her feather boa like billyoh.

Guidness kens hoo the twae o them an the portmanty wan doon the stair, for their hairts were in their mooths an they were trimmlin like jeelies on an ashet. Erchie hadna even time to look at his leeks for lookin at Mary-Ann.

An noo Mrs Erchie let oot a skirl: 'It's Auntie Kate! We aye said she wes the spittin image o Mary-Ann; but whaur the dickens has *she* gane to?'

Auntie Kate gied a sniff, flourished the feather boa an said, 'Ay, it's me richt eneuch, an d'ye see what I fand lyin on your gairden path alang wi an auld skirt an a reid hug-me-ticht an a straw basher? Guidness kens what's been gaun on, but there's an awfu slaister o melted wax lyin aboot.'

Erchie took ae look at the gairden, an gied a groan: 'It's Mary-Ann!

She's melted in the sun an run in amang ma ingans. She'll hae ruined them.'

Auntie Kate gied him a glower an said, 'Never heed your ingans, ye've got some gey queer neibors, I'm thinkin. When I shouted to the wife next door to speir what time ye'd be back, she let oot a skirl an ran into the hoose as if the deil wes at her cuits. An as for the meeinister, he gaed birlin by like the wund when I waved to him, an never gied me the time o day. Hech! gairdens are aw verra weel, but it strikes me a tenement's mair ceevilised.'

G F DUTTON

alba awa

Poem frae the Inglish (owreset bi David Purves)

as sae aften in Scotland
the sun traivilt
dyke owre dyke, birslin
the deid gress gowden, an endin,
eftir a taigil o knowes,
on ae broun tapmaist craig;
that bleized its glisk, tae—
an wes gaen.

KENNETH D FARROW

HOMER'S ILIAD: PAIRT O BUIK ANE

THE DEIDLIE FEID

The sturt o Acheilles is ma thame, thon weirdit feim, whilk wi the wull o Zeus, brocht the Achaeans sae mukkil dule an airtit the gentie sauls o monie lairds ti Hades, giein ower thair tramorts as stinkin cabbrach for the dugs an stravaigin kites. Lat us stert, Leddie o Sangs, wi the ill-wullie twynin that fell oot atwein Agamemnon, Keing o Men, an the bauld Acheilles, bairn o Peleus. Whilk o the gods garred thaim be sae thrawn-gabbit?

It wes Apollo, bairn o Zeus an Leto, that stertit the haill stramash, whan he peyed hame the Keing for his snash ti Chryses, meinister o the Kirk, bi fylin his airmie wi a fell pest, an wrackin his sodgers. Chryses it wes that haed cum til the Achaean howks, ettlin ti win back his dochter frae thirldom. He brocht wi him a rowthie ransom an cairrit wi him the croun o the Aircher-god on a gowden crummock. He spierit gree frae the haill Achaean airmie, but maistlie frae its twa commanders, the bairns o Atreus.

'Ma ain Lairds, an aw ye Achaean sodgers, ye ettil for ti reive an spulyie Keing Priam's ceitie an win hame skart-free. May the gods that bydes on heich Olympus grant ye yeir howp, wi the ae condeition: that ye shaw yeir respecks ti the Aircher-god, bi takkin this ransom, an lowsin ma lassie.'

The airmie wes fair vauntie at the thocht o this. Atweill, thai war aw fain ti see the auld meinister weill duin til, an the rowthie ransom taen. Yit Keing Agamemnon haed nae notion o this ava. He gied the man a richt sair flytin, syne sent him awa again athout mair adae.

'Auld yin,' co he, 'dinna lat me finnd ye skoukin roun the howks, the-day, nor onie ither, or ye micht finnd that the god's crummock an croun wul be a gey puir fendin ti ye! I'm richt set agin lowsin yeir wean. It is in ma mynd ti keep hir or she's auld an forfairn, i the kintra o Argos, i ma ain houss an bed, warkin hir luim a lang gait frae hir ain fowk. Nou, awa wi ye, an gin ye ken whit's guid for ye, cankerna me again!'

The auld yin trummilt wi grue, syne did as he wes bid. Awa he gaed, aye haudin his wheist, alang the links bi the reishlin sea. But whan he wes alane, he made a gospel-hertit prayer intil himsell ti Keing Apollo, the bairn o curlie-heidit Leto. 'Tak tent ti me, god o the

Siller Bou, Tairge o Chryses an halie Cilla, Hie heid-yin o aw Tenedos. Smintheus, gin e'er I biggit ye up a bonnie fertour, gin e'er I birsilt for ye the chuffie hurdies o a braw stirk or gait, gie me this wush. Mak aw thae Danaans coff yeir fell flanes for ma tears.'

Phoebus Apollo herkent cannilie til this peteition, an, dancin mad, cam doun frae the taps o Olympus wi his bou an flash o flanes. An as he taen the gait, thir flanes clattert on the shouthers o the crabbit god, an his winnin furth wes like til the faw o the mirk. He hunkert doun forenent the howks, an wi feirsum stound, lowsed a flane frae his siller bou. He set firstlins on til the cuddies an the swippert tykes, syne his whittilt flanes sweesht doun on aw the men-fowk, wha foundert tane eftir tither. Nicht an day, the lowes leimed even on for the deid.

For fullie nyne days, thae cruel dairts teimed doun an dang thair dwallin places. On the tent day, the sodgers war aw cawed til a tryst at the biddin o Acheilles, a remeid that the white-airmed goddess, Here, haed eggilt him ti tak, oot hir regaird for the Danaans whase wrack she waikit ower. Whan they haed aw forgethert an the dounsittin wes haill, the braw sprenter Acheilles heized himsell, an spak thusgait: 'Laird Agamemnon, whit wi the fechtin an the pest, I'm feart that shuin we sal hae ti quat an gang awa hame, oor howps wul pruive sae tuim an howe. Coud we no hae a bit converse wi a weirdman, meinister or aiblins ane wi the saicont sicht—for thair dwams tae is inspired bi Zeus—syne finnd oot frae him whatfor Phoebus Apollo's sae vext wi us? Aiblins he is roused owre a brukken vou or for fykmaleeries? Gin it be sae, he micht yit tak a maumie-smellin saicrifice o yowes or ful-growne gaits, ti beild us frae the pest.'

Acheilles dowpit doun, an Calchas, bairn o Thestor, rase up. Nou, as a skeelie weirdman, this Calchas haed nae ither marrae ava i the haill steid. Whitever wes by wi, whit's forrit or whit is ti cum, wes aw claer ti him; in truith, it wes his ain unyirdlie sicht steired the Achaean navy aw the wey til Ilium. He wes a richt leal Argive, an beirin this in mynd, he tuik the fluir an spak alood.

'Acheilles,' says he, 'Ma bonnilie buskit Laird, ye hae speirit o me ti aunsir for the tein o Apollo the Aircher Keing, an sae I wul. But herk at me the-nou! Wul ye sweir ti cum forrit an yuise yeir weill-hung tung an mukkil micht ti haud me frae onie hairm. I'm speirin this o ye, for I ken fyne at I sal mak a fae o ane whase heid-room is ferr abuin the lave, an whase wurds is lyke the dounset o the law amang the Achaeans. Nae ordnar chiel's a maik for a crabbit Keing. E'en gin the Keing pits by his feid for a wee, he'l nurse his grievance or the day he gits his ain back. Think weill than, gin ye can staun guid for me.'

'Pit by yeir dreid,' says the swippert Acheilles, 'an lairn us ocht that ye hae frae Abuin. For bi Apollo, bairn o Zeus, the verra God, Calchas, in whase name ye kyth yeir datchie sesames, I sweir ti ye, here an nou, as lang's I'm ti the fore an wyce aneuch ti ken whit's adae, no ane o aw the Danaans bydin here bi the howks, sal dae ye onie skaith, na, no Agamemnon, oor grytest Laird.'

Hinnerlie, the wurdie weirdman tuik hert an spak oot. 'It's no a maitter,' says he, 'o a brukken vou nor scrimpit wurship. The god is roused kis Agamemnon wes ill-moued wi his meinister, an wadna lowse his dochter for onie fek o siller. Thon's the wey we hae cum ti sic a waesum pass, wi mair ti cum forby. The Aircher god winna lowse us frae this skunnersum pest till we gie the bricht-ee'd quyne ower til hir faither, wi monie a gracie beinge an beck. Wi that, he micht gie ower.'

Calchas leaned him doun, an the gentie bairn o Atreus, Agamemnon, lowpit up in tein. His hert wes hotchin wi ill-wull an his een war lowin like twa gleids. He kythed rael suidenlyke, wi mukkil boast an shore.

'Wickit weirdman,' skirled he, 'whit betterment haes yeir byuss leir brocht me? I sal tell ye. Nane ava! Aye ye hae spaed fash an fyke. No aince hae ye made a richt prophecie o onie guid. Atweill, ye hae never made ane! An nou ye're haudin forrit as the airmie's ain spaeman, pittin it intil oor heids that this trauchil aw cam aboot kis I sneckit up the quyne Chryseis an refuised the ransom for hir, princelie tho it wes. An whitfor did I dae this? I waled ti stent the lass i ma ain hame. Deil anelie kens, she's better a sicht nor ma ain guidwyfe, Clytaemnestra. She is fullie as bonnie, an nae less skeelie an knackie wi hir haunds. For aw, I am wullin ti gie hir up, gin that is the wycelyke thing ti dae. Fou fain am I ti defend ma ain fowk, an no ti tyne thaim perishin this gait. But ye maun lat me hae sum ither wee thing bedein, or I sal be the anelie tuim-haundit chiel hereaboots an that wad never dae ava. Ye can see for yeirsells that the prize ye gied me wul shuin be traivellin ithergaits.'

The swippert an braw Acheilles lowpit up. 'An whaur,' spierit he, dis yeir heich maijestie think oor galluss sodgers wul finnd fresh graith ti slocken yeir greed, ye grippie gled? I didna ken we'd onie siller pit by for this. Aw the sprecherie we reived frae the herrit touns is daeled oot, an we downa spier oor men ti ingether that again. Na, na! Gie you the lassie ower, as the god wulls, syne we sal pey ye back a mukkil upmak, gin e'er Zeus lats us wrack the waws o Troy.'

Keing Agamemnon spak back bedein. 'Ye'r aiblins an unco fallae, Prince Acheilles, but dinna imagine you can begowk me. I ken fyne whit ye'r at. 'Gie ower the quyne,' says ye, ettlin aw the tyme ti haud on til yeir ain gree, I'm thinkin. Sal I hunker-me-doun while reivers taks ma graith? Na, gin the airmie's fain ti gie me a new treisur, waled ti ma taste an ti mak guid ma loss, I sal blythlie haud ma wheist. Else, I sal tak ma fairin frae ye, an help masell til Aias' prize, or aiblins that o Odysseus. An wul he no be roused? Houanever, we'l dael wi that by an by. For the nou, lat us pit ae blek howk intil the freinlie watter, wi byuss steersmen, frauchtit wi beiss for slauchter, an pit the lassie tae on buird, ay, rosie chowkit Chryseis. An forby, lat sum lang-heidit chiel gang as the captain—Aias, Idomeneus, the rare Odysseus, or yeirsell ma Laird, the strangmaist man we can finnd—ti offer the saicrifice an pit us richt wi the god aince mair.'

Acheilles, the great rinnar, gied him the glower. 'Ye braisant snek-drawer,' he raired, 'aye wantin an eftir mair! Hou think ye the sodgers wul dae yeir biddin, gin ye send thaim intil a tulyie or aiblins inti battil? It's no onie quarrel wi Trajan speirmen that brocht me here ti fecht. Thai hae duin nae skaith ti me. Thai lift nae cous, craps or horse o mynes that the guid yird o Phthia fends for hungerie men; for monie's the craig an rairin sea that sinders us.

'Ti tell the truith, we set oot on this ploy on yeir accoont, ye meiserable tyke, ti win remeid frae the Trajans for Menelaus an yeirsell, but ye hae nocht ti say anent this. An nou, it's you o aw fowk, that thraetens ti reive frae me ma ain prize, ma sair-wun prize, ma praisent frae the sodgers! Ir ye no gien a sicht mair nor me forby, whan the Achaeans rype the Trajan touns. The sweit an birn o the fecht beirs doun on me, yit whan it's tyme for daelin oot the geir, it's aye yoursell that beirs the gree, an I am left ahint forfochen ti trauchil hame frae stour, wi smaw rewaird. Sae nou, I sal gae back ti Phthia. What else ir the ti dae—ti sail hame in ma lang-nebbit howks? I'l no byde here ti thole yeir snash, huirdin up treisur for the lykes o you.'

'Gin that's whit ye want, tak til yeir heels an rin,' Agamemnon, Kieng o Men gied back. 'Ye needna byde here for me. I winna thig ye ti stey on ma accoont. The'r ithers ti the fore wha'l stey wi me nearhaun, respeckfu-lyke, an Zeus himsell heidmaist amang thaim. What's mair, o aw the Princes here, ye ir the maist onsiccar. Fechtin, sturt an stryfe is yeir lyfe-braith. Mebbe ye ir a bonnie fechtar. It's the god that made ye sae. G'awa hame wi ye, yeir ships an sodgers baith, an rowle ower the Myrmidons. Ti me, ye'r uissless. But listen ti whit I tell ye! In the same gait as Phoebus Apollo is reivin me o ma bonnie Chryseis, I ettle ti pey a veisit til yeir biggin, Acheilles, an tak awa the braw Briseis, yeir ain jo, ti shaw ye I'm mair fekfu nor yeirsell, an lairn the lave o ye wha's maister here.'

At this, Acheilles wes blek affrontit. In his tousie breist his hert wes rent atwein twa gaits: whuther ti pou his mukkil sherp swuird, breinge throu the thrang an fell Keing Agamemnon whaur he stuid, or keep the heid an dill himsell doun …

He roundit on Atreides aince mair, rantin an raenin at him. 'Ye drukken blellum,' he skellocht, 'a bodie wi the een o a dug an the smeddum o a fliskie hert. Ye haena the spunk ti airm yeirsell and gang inti the stour o battil wi the sodgers, or ti jyne wi the captains in the lours—ye wad suiner dee. It serrs you better ti byde in the camp, reivin the prizes frae oniebodie that conters ye, an sornin at yeir ain fowk's expense, kis thai ir ower thoweless ti staun up ti ye. Gin thai warna sae, this reiverie wad be yeir lest.

'But ye tak heed ti whit I say, I sal sweir me a fell aith. See you this crummock! Aince sneddit frae its stock up in the bens, it canna pit oot leafs or spirls again. The huikit aix haes tirlt aw its fulyerie, sae it can breird nae mair. Yit the lawers an lang-gouns o oor land haud it in thair haund, aw in the name o Zeus. Bi this I sweir (an I wale ma taiken weill), that the tymes is cummin whan the Achaeans, ane an aw, wul be sair wantin me, an ye in yeir wanhowp, sal be fekless ti help thaim whan thai faw in thair hunders ti Hector, the killer o men. Syne ye'l ryve yeir herts oot wi the eftirstang, for giein yeir foremaist man sic soor a dram as this.'

An here the bairn o Peleus feinisht, kuist doun the crummock wi its gowden tapiloories, an taen his sait, allouin Atreides ti buller at him frae the ither syde.

SANDY FENTON

I DIV

The win' bla's
an the cloods flee,
bit they dinna ken

Branches furl
an leafs spin
bit they dinna ken

Stirries pick
ower the green
bit they dinna ken

A black cra'
Sits on e lum
Bit it disna ken

Draps o rain
spirk on e gless
bit they dinna ken

Neen o 'em kens
neen o 'em kens
Bit I div.

MARGARET FERGUSON

THE BARDS O BELTREES

The ferms o Heich and Laigh Beltrees shoother thegither on a brae-
face abune Castle Semple Loch in Renfrewshire. On its broo a lee-lane
yew hauds them baith in aefauld embrace.

'They say,' remerks the fermer, 'that tree was plantit by the author
o "Auld Lang Syne", in honour o his wife's birthday.'

Believe it if ye like: it soons tae me exactly the sort o thing Francis
Sempill wad hae dune. But, guid sakes!—e'en hereaboots can they no
gie the man his hauntle? Nae mair could Burns whan he declared the
debt he owed him:

> Is not the Scotch phrase 'Auld Lang Syne' exceedingly expressive?…Light
> be the turf on the breast of the heaven-inspired poet who composed this
> glorious fragment.

Dootless it's a dowie plot, but heich and laich in the seekin o't I hae been led a merry dance. Whey no? That was aye the Sempill's wey. Tak Allan Ramsay's ward for that:

> When frae the dumps ze wald zour mind discharge,
> Then tak the air in smiling SEMPLIS berge.

A galleon mair like, a gallant threemaster, coorsin in the Beltrees' bluid; an for a figure-heid a coortly lass, Channel-tossed in her time. They haena richtly hauntled her neither amang 'The Queen's Maries', but John Knox didna miss his merk miscawin her.

> For it is weill knawin that shame hastit mariage betwix John Sempill callit The Dancer and Marie Levingsoune, surnamit The Lustie.

But the Queen danced at the waddin. An wha's tae say that a bairn wi peerie Prince Jamie for god-faither cam wantin a siller spune in his mou—ay, and as siller a tongue:

> Ever devoted to his service, by my parents, before I was...and in his H. Court, almost ever since, both nursed and schooled. And so is our 'David'...the Gamaliel of my education: at whose feet (no, at whose elbow, and from whose mouth) I confess I have suckt the best of whatsoever may bee thought good in me.

I tak that tae mean Sir James Sempill o Beltrees whiles taen a slee keek in his cless-mate's copybuik—like ony ither steerin laddie withoot a siller spune tae aid him! Weel, they made makars o them baith, tho Sempill's 'Packman's Paternoster' was never prentit till his son Robert took in haun tae perfect and preface the wark:

> I but enlarge it, not surpasse, for neither I may, can, will dare parallel my Father...My Parents Poeme only to expresse, of new, to put into the Presse.

It purports—the 'Paternoster'—tae be the claivers o a priest and a peddlar, in a guid wheen wyce-crackin couplets, an gif the last ward trips aff a Protestant tongue, 'twas Lustie Levingstoune's son caad the tune:

> He said, Sir John was a fair fat fed Ox
> Sometimes he said, he looked like John Knox.

Ay, an 'twas The Dancer's son—the ambassador, lang-luggit in

Lunnon—wha tipped Jamie the wink whan the teuch Tudor Queen pit hersel throu her paces wi daith on her heels:

> At her Maiestie returning from Hamptoun Court, the day being passing foull, she wold (as hir custume is) go on horsback, although she wis skars able to sitt vpricht, and my lord Hunsdane said, it wes not meete for ane of her Maiesties yeirs to ryid so in suche a storme. She annsuered in gret anger 'My years! mades, to your horses quickly,' and so rode all the way, nocht wouchafing any gratious countenance on him for two days...He sayes me he saw her dance throw the windo on Weddnisday the fyft of this, the spaines pavie to a whissill tabourier, none being with her bot the Lady Warwick.

Syne, 'twas The Dancer's grandson wha soondit the knell for Habbie Simson, kenspeckle Piper o Kilbarchan: deid but no dung doon, and snug yit in his steeple neuk: heezed up on the meesure o Robert Sempill's 'Standart Habbie':

> At Clark-plays when he wont to come,
> His pipe play's trimly to the drum;
> Like bikes o bees he gart it bum,
>   An tuned his reed,
> Now all our pipers may sing dumb
>   Sen Habbie's deid.

> And then, besides his valiant acts
> At bridals he won many placks,
> He bobbed ay behind fo'ks backs,
>   An shook his heid.
> Now we want many merry cracks
>   Sen Habbie's deid.

But earth was faur frae coverin aw the cracks, for anither o that ilk was fast growin intae the mantle o the muse. At his faither's biddin he screivit the postscript. Aiblins baith got mair nor they bargained for:

> It's now these bags are a' forfairn,
> That Habbie left to Jock the bairn,
> Tho' they wer sew'd wi Hollan' yairn,
>   And silken threid,
> It maks na they were fill'd wi shairn,
>   Sen Habbie's deid.

Neither for the first nor last time Francis Sempill lat his tongue rin awa wi him. They tell us hoo it was his granfaither set him on the road as they twa taen a daunner. 'Thy father is a poet—thou maun try thy hand,' says Sir James. 'We's gang the length o Castle Sempill, then let me hear it.' The imp was nane blate tae obleege:

> Thair livit thrie lairds into the west,
> And thair names were Beltrees:
> And the deil wad tak twa awa,
> The third wad leive at ease.

Seeminly Sir James 'straikit his heid, but nippit his lug.' They maun hae been blythe days at Beltrees then, wi three bards threipin for aw they were warth. But the siller noo was aw in their mooth. Francis in particleer stude tae lose, staunin surety for a frien:

> At Justice Court I them pursue,
> Expecting help of their reproof:
> Indemnity thought nothing due
> And deil a farthing for my loof.

Sae he hied awa tae a higher coort, wi his tongue hingin oot:

> Then I kend no way how to fen,
> My guts rumbl'd like a hurle-barrow;
> I din'd wi saints an noblemen,
> Even sweet Saint Giles and Earl of Murray.

Leeved on air in ither wards. But Francis aye fell on his feet:

> Kind Widow Caddel sent for me
> To dine, as she had oft forsooth;
> But ah! alas, that might not be
> Her house was ower near the Tolbooth.
>
> It's but my galloping a mile
> Through Canon-gate with little loss,
> Till I have sanctuary a while
> Within the girth of Abbey Closs.
>
> There messengers dare not pursue
> Nor with their wands men's shoulders steer,
> There dwells distressed laird enew,
> In peace though they have little gear.

There twa hours I did not tarie
Till my blest fortune was to see
A sight, sure by the mights of Mary,
Of that brave Duke of Albanie.

The King's brither ye ken, an he did Beltrees a guid turn, whitever it was.

In aw life's fechts, Francis fenced wi his quill, and for ordinar bure the gree. Time was, when he first waddit wi his first kezzen, Jean Campbell o Ardkinlas, that Cromwell's Roonheids were garrisoned in Gleska. They couldna win near the city tae veesit their auntie there withoot bauldlie petitioning the Lord Protector:

To aw quham it concerns; neir the Tempill
Thair is ane wons wi auntie Sempill,
His consort forbye, gif ye pleise,
Thair's twa horse, and ane o's men
That's bidand doun wi Allan Glen;
Thir lynes I send to you for feir
Of puining o auld auntie's geir;
What neir ane before durst steir,
It stinks for fuistiness I daur sweir.

The Lord Protector's Commander was fair affrontit (forbye he couldna understaun a ward) and hauled the poet fornenst the Provost. But his lesser Lordship couldna keep a straicht face, an e'en the Commander suin saw the funny side. Aiblins auntie wasna amused; as weel she was spared her kinsfolk's keep. Sae tint wi Francis was the Commander that he taigled the newly-wads a twa-three weeks at his boord: lang eneuch for the sojers—no the sober-sides ye'd think—tae hae gotten the poetry aff pat. Leastweys, 'Johnson's Musical Miscellany' jalouses that's the wey the Sempills stormed the border wi sang.

Gin that's poetic justice, there's no muckle o't aboot noo. Since e'er Francis fushit 'Maggie Lauder' furrit she's maist awbuddy's acquaintance, the Piper tae, for nae better reason than she gies him a mention, baurin in Kilbarchan whaur Habbie's aye been king. But Robert Sempill was the king-makar. Wha remerks on that? Or lilts, jist by wey o a cheynge, 'the glorious fragment' as Francis fashioned it:

Should old acquaintance be forgot,
And never thought upon;

The flame of love extinguished,
And freely past and gone?
Is that kind heart now grown so cold
In that loving breast of thine,
That thou can'st never once reflect
On old longsyne? ...
If e'er I have a house, my dear,
That's truly called mine,
And can afford but country cheer,
Or ought that's good therein:
Though thou were rebel to the king,
And beat with wind and rain,
Assure thyself to welcome, love,
For old longsyne.

Real life romance ran a coonter coorse. The estate o Thirdpairt in palmier days was the usual marriage settlement o Leddy Beltrees. Strictly speakin then, it was Jean Campbell's hoose sheltered them when Francis pairted wi Beltrees Ha—or it micht be that the auld place jist taen a tummel tae itsel. Onywey, the heir was born at Thirdpairt: Robert, wha never ettled tae be a rhymer. But he stampit his ain son Robert—second last o the line—wi that mettlesome mischief that was nae less its hallmark. This time the smiling Sempill berge pit tae sea in guid earnest as faur awa as Russia, an the saunds o life ran tae a still faurther shore. He was a centenarian and then some, was Robert, crawin croose tae the last o Archangel and a peek at the Great Czar Peter, precisely as a pet sea-serpaint surfaced in a pond and bit aff the cock o his bunnet.

'Ramillies' was amang the papers at his passin. Whether composed or copied, the haund-writin's his:

Och laddie munt and go,
Dear sailor hoise an go,
Och! laddie munt an go;
Go, and I'se go wi thee, laddie
And there they drank the red wyne sae free,
And cuist the glesses in the sea;
And cuist the glesses in the sea,
Wi joy that she wan wi her laddie.

Thus the muse had ae last fling. Tae talk noo o the dregs o a breemin cup wad be fleein in the face o impish providence. The weel-daein Edinburgh brewer—the last o the clan—leeved on, an dooned mony anither gless nae doot.

There's still ae tale warth tellin tho, aft telt by the auld saut that aince was a ten-year-auld tyke, the sort that couldna tak naw for an answer. They'd been bidin wi his mither's brither at Pollock Hoose on the dool day o the witch burnin on the Gallows Green at Paisley. Wi commendable foresicht, his parents plankit his shoon, sae whit did the boy dae but gae barefit tae bleezes? Ten miles aw telt. Whitna might-hae-been epic this, if only grandfaither had strade alangside, daein as he's been dune by wi a doonricht daur, followin it up wi a pat on the pow and a tweek tae the lug. But Francis Sempill had been fifteen year in his grave. He dee'd in bed at his Paisley toun hoose on Sabbath evenin, 12th Mairch, 1682.

It's kittle wark tae tryst him nou. I hae socht wi an eident ee in the wynds o Kilbarchan and Castle Semple's green howes, an lat my fingers wanner in mony a tome wi yallowin pages. Forbye, I hae pickit the brains o antiquarians and cemetery superintendents, nor been ower prood tae ask help o the Sempill Chief and her Majesty's Register Hoose. O, a richt merry dance that I wadna hae missed for a meenit, but amang us we've never yit cuist up the honoured stour.

Dis it maitter? Catch ME hingin roon a grave-yaird gin I was a ghaist! Naw, but there's this yew tree growin at the yett o a vanished ha—a better birthday praisent nor money could buy—an the plantin o't lingers in folk memory in the ferm toun o Beltrees. Lay the laurels yonder, for old longsyne.

PETE FORTUNE

A WEE BLETHER OWRE A HAUF

Och fat's adee wi ye man? A'm juist doun the howff here for a wee refraishment, gie ma auld lugs a brek—ye ken—get awa oot the wey o thae weemen for a bit. Ma wyfe brocht her auldest seister doun for a wee bit holiday, an whyles she's aaricht, but gin she's in the fettle, michty me, daes she antle on. See, she's richt auld an donnert gettin, an gin ye tell her ti haud her wheesht, she canna thole it an sterts ti girn an taks the dorts. Onywey, perched on ma dowp wi a guid drap o whusky, an ye hae ti cum ben speirin in sic a wey.

Wha will A be votin for in the election? Nou, ye'll juist get me gaun sae ye wull, fair get ma bluid pressure up. The Lord himsell maun ken whit brings ye speirin in sic a wey wi an auld gowk like me. But gin ye poke yer neb in sic maitters, syne ye'll juist hae ti leesten an hear fowk oot, aaricht?

Weill, anent the tories, son, see thair collogue on telly t'ither nicht? Tak aboot clamjamfrie. A uised ti feinish up richt scunnert gin A'd ti suffer thon wumman on the telly, hir an thon stuipit pit-on, pan loaf, moothfu o chuckie stanes vyce. Thrawn auld besom. Weill nou, the Lord be thankit, she's awa, but thare's no muckle chynge. A canna be daein wi thon young chiel ava, ower smug an whyles fremmit gin ye ask me. A tory's a tory, son, skeirt or breeks, maks sma deifference. Juist a load o addle thai dreeble tae, but fowk's saft eneuch up tap ti tak it aa in.

Rab, see's anither wee hauf an a gless o yill aince ye're feinisht speirin thon wee limmer, eh? Hae the claes aff her he wud, gien hauf a meenit. A wee gless yersell ma frein? Ye suir? Aaricht syne.

Ay, ye see, whan A wes a bairn, ma faither had an awfu job o't gettin ony darg, an sae we wes richt puir. Ye ken we had a teuch tim o't gettin a pair o shune ti gaun ti the schule in, an mony a tim the erse wes oot oor verra breeks. Awfu hard tims ti thole thon, an ma mither an faither had a richt hoosefu o us ti see til. Gettin on for eicht bairns, an mynd ye, we'd nae fantoosh gedgets lyke ye hae nou-a-days. By Goad sir, the guid auld days? Workin fowk had neist til nocht syne, but mynd ye, ae thing we wesna wes daft; onyweys nae daft eneuch ti gaun an vote for the maister's tories lyke fowk dae nou-a-days. It's ayont me at tymes son, aa thae workin-cless fowk be-in hemmered intil the grun bi the tories, but still-an-on gaun an screeble thair merk neist thair man. Whit mak ye o't aa? Fowk maun be sayin, 'Kick us aa up the dowp, maister!' It's aboon ma heid. A ken o fowk votin tory wha hae a want o darg, an a michty puckle forby wi stuipit wee jobs peyin awfu puir siller. Aiblins sic fowk are taen in wi the fancy teetle thai kin grab a haud o, ye ken? Lik big flichtsome Alex, the scaffie, shauchles aboot here whyles aa joco, sprowsin awa ti ilka chiel saft eneuch ti listen, that he's a refuse disposal technician. Help ma Goad man, whit'll be the affcome o't aa? Whit happens, ye see, is that eidiots lyke Alex an his ilk dinna think on thairsells as workin-cless at aa, an wanner aff aa kenspeckle lyke an vote bluidy tory. A'm fair forfouchen e'en thinkin o't. Stuipit eidiots.

Or ye get fowk still taen in bi thon blethers anent the Labour pairty be-in ower-run bi the Communists an sic ilk, sae thai feinish up dumfoonert an wi the fear o Goad in thaim, ye ken? A blem aa thon daft papers, nocht in thaim whyles but weemen's breists. A hae nae objektion ti weemen's breists, mynd ye, but ye tak ma pynt? Communists, bi Goad? Son, gin ye'd leestened on the likes o Jimmy Maxton—aiblins the first lang-haired man A set een on—he uised ti gaun on for oors. Man, wes he gleg at the uptak, a fyne mensefu chiel. Richt reid-hot socialist he wes, thon craiturs nou are nocht in comparisoun. Gey wee A wes forby, but weill eneuch A hae mynd o hearin him, doun in the pairk wi ma faither an hunders o ithers. Gin it wes ayont me, aiblins it didna maitter, kis ilka word o sic a man steys wi ye, til ye're auld eneuch ti acknawledge it as the truith. It's wi me yet—richt here—aneist ma hert.

Help ma Goad, ma gless again. Are ye no for a wee drink, son? Weill, that's awfu guid o ye: a wee drap whusky, an a gless o yill ti gie it a haun doun, gin that's aaricht wi ye. Guid wee howff this eh? Cheap yill an richt byordnar companionrie. Bit stowrie an auldfarrant aiblins, but mony's a drouth's been seen awa. Aye a guid blether ti be haen an a bit keckle forby. Canna wheenge at that nou, whit think ee? Cheers son, aa the verra best. Here, gin A'm a bit on the dreich side for ye, A shanna apologise—gied ye guid eneuch warnin.

Ay, mak me sair scunnert the tories dae, son. Aye fou o blethers aboot freedom, ye ken, but as ma auldest boy's aye sayin, gin ye're oot o darg wi nae siller in yer pootch, syne ye're nae free ti dae ower muckle, are ye? Forbye, we aa ken the kinna freedom thai maun be bletherin aboot—freedom for the maister cless ti grip aabody else bi the gizzern an squeeze ticht. A richt nesty getherin o camshauchle chaets, dinna gie a cack aboot the workin cless. Michty me, whit can we aa dae aboot it tho? Lik A said afore, fowk's sae feart anent the Labour pairty be-in in the hauns o Communists an sic ilk. Weill removed frae be-in Communists, maist o thaim. Nae smeddum aboot thaim ava. It's aa cum doun til argie-bargie anent the ae menseless seistem. Maun be juist a ploy ti maist o thaim nou, anerlie a handfu o thae birkies fechtin for real chynge, A dout. Whan did ye last hear o ginger powe cum oot wi talk o socialism?

Ye ken, A hear tell o twa auld louns wha cum by these airts often, been in the Communist pairty—whit's left o it—for mony a year thai hae. Pair o scourie auld jessies A belyve, but ne'er mind aboot that the nou. Onywey, aboot aa thai seem ti dae nou-a-days is argie-bargie wi some young birkies wha cum wannerin by maist Setterdays sellin ae paper or ither. Nou thir boys wud hae ye belyve thai are kinna Communists tae, but aince the clypin gets gaun wi the auld Jessies—michty me! A hear tell it's a richt colllieshangie. Nearly warstle wi ane anither thai dae, scraikin aboot whit ti dae wi the poll tax, an the ongauns o

Eastern Europe forby. Fechtin wi ane anither ye see, an the maister cless whyles staunin back an kecklin. That winna get workin fowk ower far, eh?

Aa richt, son, juist a wee tap-up; awfu guid o ye. Mynd, haein said that, it's the blem o the Suddron fowk that we hae the tories ti suffer lik a sherp jag ti the dowp. The Labour pairty aye dis weel eneuch in these airts. Dinna tak me up wrang, mind ye, A'm nae Scottish Nationalist—dinna think sic a poseition bides weill wi socialism. It's yer cless maitters, son—yer cless—no whaur yer mither drappit ye. Haein said that, mynd ye, auld grumpy MacDiarmid wes a Communist an a richt prood nationalist forby. Pit oot the pairty ower it A belyve, but A micht be wrang. A'm no a hunder per cent, son. Certain, A mean, no a hunder per cent certain.

Ay, but nae fear ma frein, it's Labour wha'll get ma screeble, for aa the douts A maun hae. Gin A'm spared A'll vote Labour, but A dout thon bunch o clairty dugs will see pouer aince again. Gin A'm wrang mynd ye, A'll get aa buskit-up an lowp aboot wi joy til A drap. But A dout it will cum til that. Gin thai dinna hae us aa blawn ti bits wi thon nuclear submarines thai want ti hing on til, thai'll hae us aa aboot sterved ti deith. Gin the guid Lord hes the abeilitie he'll ca cannie an rid this earth o thaim an thair ilk aince an for aa, ilka ane o thaim.

Is that ye aff nou? Wull ye no hae a wee tap-up afore ye gaun? Aa richt syne ma frein, it's been a muckle pleesure bletherin wi ye. Micht cum by ye again, eh? A'm ne'er faur awa frae this howff, as A tellt ye. Bonailie young fellie, awa hame an gie yer puir lugs a rest nou!

Haw Rab, leave the lassie alane an gies a quick tap-up, will ye? Whit? He wes? Ne'er on yer lyfe, wes he? Ye bad auld loun, ye micht hae lat on afore the nou. Awa ti hell, man, awa an chase yersel, vote for him indeed. Mynd ye, he wes a smairt young birkie, ower quaet aiblins, but a daicent kinna chiel. A've nae dout voted for waur in ma tyme. Guid Goad almichty, juist shows ye, eh? It maun be a sair fecht gin ye canna tell thaim apairt ony mair.

Ach, gies a gless o yill tae!

DOUGLAS FRASER

REGRETS

No that I tint my hairt's desire —
The lot o countless men
Wha when they see their hopes expire
Maun bigg their lives again.

No that the sang I thocht sae braw
And bricht wi glammer pouer
Seems nou as dowf as meltin snaw
Aneath a scruff o stour.

But when I bood suppress the thocht
That gart our luve unfauld,
Mair nor I kent o skaith was wrocht,
Mair nor my hairt grew cauld.

Nou in a gloamin warld I gang,
A dreich and sunless waste
Wi nocht but memories o a sang
And ye, my sister ghaist.

CAROL GALBRAITH

THIRD WARRL BAIRNS

(wrocht eftir the faa o Saigon)

Unsocht
lik weel-wrocht
bombs they cam
wheengean
fae lan tae lan.

Wha're they lik
an whar
whar sall they gang?

They're lik the warrl
hersel
reengean
for ae hidey-hell.

Puir wannert warrl
feart she'll no leeve
for her black
affrontan bairns—

nane bar
Ephraim
kens Absaloms.

HARNDANCE AT THE HIGHERS

The disc jockeys
aa faa quaiet
wheesht
bi ae strummin
o trummelin harns

syne bonnie biros
pirouette
an een quadrille
set-feegart sets
aa roon Memry's barns

an daintie digits
haad theirsels tiptaeit
trig tae jig
wi tapsalteerie frets
o infinite disco starns

while statelie matrons
stiff-stravaig
roon sets
o Scotia's bieldit bairns

a waaflooer's stannin
mindin the time
blethers neist her een
owreluikin the birlin scene

for och owre quick
the jiggin's duin
an Bairnheid's gane
pingelt tae the bane.

ROBERT GARIOCH

THE REMINDER

Owreset frae the Romanesco o Giuseppe Belli, Er ricordo,
wi the help o Antonio Stott

D'ye mind o thon auld, machie-leukan priest
that learnt folk in their ain housis, him
wi twa white linen bands about his kist
a muckle goun o some coorse kinna scrim?

that stuid amang the heid-stanes, his lang, thin
shanks like twa parritch-spirtles, niver missed
a yirdin, that gaed til the Sun Inn
for denner, and wad pey a hauf-croun, jist?

Aweill, the ither day, they fand him deid
and hingit, wi a raip about his throat
tied til the crucifix-heuk abuin his bed,

And this wee ploy o his meant sic a lot
til him, to keep the maitter in his heid,
he'd even tied his hankie in a knot.

ROBERT McLELLAN—THE POET

'Arran Burn' sterts in an echt-line paragraph wi ae lang, guid, syntactical sentence:

Look whaur the mist reiks aff the split craigs
In the hairt o the desolation o creation,
Whaur the primal convulsions o fire and ice
And doun the years the weir and teir o the wather,
Wind, rain, frost, thaw and drouth,
Hae wrocht in the end this unremarkable miracle,
That beauty is born whaur the corbies craik daith.

I prig ye forgie me this unco-lang quotation, to hae a near luik at Maister McLellan's skeelie verse. A lowse-fitting eneuch metre, it keeps a steidy rhythm, five stresses til the verse; for ensample in the fowreteen syllables o the saxt line and the sax o the fift. And gin it be by chance that the extremes hae forgethert, it maun hae come by the guid luck that tends wi genius. There are nae end-rhymes, bit internal rhymes and assonances are maist feckfu, baith whan they tak a risk: *desolation, creation, convulsion*, wi guid success, or mell alliteration wi rhyme: *weir, teir, wather, wind*, twa weill-kent expressions pit here to guid yuiss and leading bonnily frae tane verse til the tither. And this is nae tour de force nor aince-in-a-while ferlie; the hale hypothek o thae twa poems in this 50-page buik has this quality throu aa the variorums o style.

'Arran Burn' is yin o thae poems made in speecial for television to maik wi photie-cairds by Alan Daiches. Bethankit the BBC, mair nor twa-thrie poems forby this yin hae been eikit til Scotland's cairn; ye'll hae in mind, for ensample, Sydney Goodsir Smith's 'Kynd Kittock's Land' and Alexander Scott's 'Heart of Stone'. As a man o the theatre, Maister McLellan wad ken fine hou to mak a practical job o this, and it is interesting to see whit maisterheid he has pitten intil't. The course o a burn frae craigs til firth, a classic method ye micht cry it, richt eneuch, is the very thing for his ettle, and gies him a fowth o picturs o places and o the folk and less cannie beings that bide thare, or hae bidden lang syne—I tak them as they come—deer, 'the isle's Adam', vikings and scholars, troots, bairns, an abbat wi his disciples, the Norman, 'sheepskin chief' owre 'folk that were sib to the fairies', wi kirks and ferms and bungalows, a close-up or near-sichtit sae-say anent the parteeklars o the redd-cowps, jist richt for the pleisirin o onie photie-grapher, nae dout; syne comes the penultimat paragraph, a real babidoozler, outsettin the lately depairtit simmer visitors:

> Girners and greiters and yellers and skrechers
> And tooters and whistlers and roarers and lauchers
> And lollipop lickers and sweetie-sookers
> And waders and splashers and dookers and divers...

Syne the final paragraph maks yuiss o the whaup, thon winter seaside visitor, to mind us o whaur we heard him near the fore-end o the poem, amang 'the muir's lost clachans':

> By their darg on this muir in their run rigs
> They peyed their rent and held their banes thegither,
> And nae disaster o wat, frost or drouth...
> Broke the lang line o their succession.

> Yet they gaed in the end to make wey for sheep.

'Sweet Largie Bay' is a pastoral tragedy, its semple story steidily warkin its wey towarts the daith o Jock, the auld crafter, forby the dissolution o his craft and aa, his bairn, Jamie, that micht hae been a hird, mairrit on Kate, a boarding hous landleddy, his twa bairns' bairn alienat: the lass, Mary, mairrit on a seaman, the lad, Johnnie, boun for Glesca College, bethankit his mither's simmer boarders. The seaman pruves fause, Johnnie is seducit by Pam, a typist on holiday, his broken-hertit jo, Jeannie, canna thole her hame onie mair. The steamer rowes and pitches out o Largie Bay, wi Johnnie and Jeannie baith aboard and keeping their distance. Slitherin 'in the channel drabble', the haill o Jock's sheep are on their wey til the killin-hous in Glesca, for want o a hird, while Jock's son dichts the boardin-hous dishes and Johnnie is on his wey eftir a braw degree that will turn him, maybe, a lawyer:

> I see her by the sheep and peety baith,
> But peety turns to shame. I canna face them,
> I hurry ablow and huddle in a neuk.

> Did I doom the dumb sheep for a crease in my breeks...
> Did I spurn my breed and leave its lost bride virgin...
> When the auld ane's fire is black and his bed forsaken
> Will it be my faut that the brae is barren?

Aathing gaes wrang for aabody, binna for Pam, that has nae feelings to skaith:

I will haud oot hopes like the sangs o mermaids
And leave their wrecks alang the sea-weed's edges.
I will banish my bald boss and his dictation.

—and aiblins for Kate:

To lift my son abune the saip and dish-clout
I pey my ain price withoot thocht o my pride.

This summary gies nae richt notion o the tragedy's steidy mairch til
its end, in smaa space, tho wi nae haste. This wark is indeed an a *per
se*, nae sey-piece, tho; Maister McLellan, whan he wrocht it upwart o
thretty year syne, wes weill-kent alreadies, and respeckit as a guid-
gaun pleywricht. Akros Publications hae nou duin weill to furthset
this buik, forby the Linmill stories. It is nae mair nor their due.

WILLIAM GRAHAM

STEPMITHER

They cheynged the bedclaes. He sichtit his faither's white belly and
the sour mochness o sweit rase up at him as, wi the wumman, he
rowed the licht body on to the clean linen sheet.

He cuid hae grutten wi anger at the wumman as she faikit the
plydes ablow the mattress on her side o the bed. Her wi the daurk een
and the mid-pairtit black hair and the strang, laich-set body made her
leuk like a clockin hen as she sat in her straucht-backit chair nicht eftir
winter nicht, watchin him at his learnin wark—hatchin out plans for
whan he wis throu wi the college.

She wisna his ain mither, but they had bidden that lang thegither,
he had gotten to ken what she wis thinkin, juist leukin at her face. He
kent what she wis thinkin nou. He kent that for yince it wis her that
wis feart.

'Ye canna lay your faither's illness on my doorstane,' she wantit to
tell him.

'Whase doorstane then, if no yours?' he speirt back at her wi his een.

'It wis the place brocht him doun,' she wantit to say. 'The place
and the Glesca fruit mercat that nevir gied us a fair price for the stuff
we sent in.'

'And whase faut wis it the place wis evir taen on? Wha wis it tuik my faither awa frae his tred and got him to buy this bit grun by the river whaur the yellae cley rins like pent i the rain? And got him to pit up a sixty-fuit glesshouss sae he cuid caa it a nursery and shaw his brithers and sisters what a guid saicent wife he had got mairrit on to? He wis a bit simple-mindit, wi nocht strang about him but the crave to stick onie job he wis pitten to, to the dour bitter end o't. Sae it wis that ye got him to trinch the bit grun by the river, wi a Setterday-nicht ham-an-egg supper for me that wis scarce ten year auld at the time, for helpin him—jumpin on the spade tramp to haggle a road throu the rack and the sour gress.

'Richt to the last spadin he trinched it—like a wiry wee girran burstin its hert owre the draucht its maister has set it to pou. Aa we needit wis time, ye said—you that wis near God to us baith. Juist let us hae patience, ye said, an syne ye wad lead us in owre the desert to the paradise ye had promised.

'You that wis near God to us baith.

'Till it cam to the bit whan aa we had to eat for our denner wis haggis and fried tatties, and the auld yin there in the bed made up the timaities into pun pokes and traikit the kintraside wi twa twalpun baskets happit wi broun paper no to let the neibors see what wis in them—sellin his stuff the wee wey frae door to door for the extra tippence a pun he made aff it.'

* * *

Later that mornin she cam out to the field whaur he wis pittin doun the lettice plantins for the early simmer crap.

Braw eneuch it wis on a spring mornin tae, wi the syle i the tid, and the crap i the glesshouss growthie and green-smellin, and the sun on the droukit warm yirth, and the watter wallin up out the glesshouss hose like siller, sae's ye wantit to pit your mou til't and drink it and drink it to slocken your thirst wi its crystal cauldness.

Out she cam to the field and brocht anither fishbox o lettice seedlins wi her, and held it forrit to him to lift out the plantins and finger them into the syle.

He left her haudin the box in her haunds and gaed into the glesshouss. And she courit doun and stertit plantin aa that efternuin.

* * *

The next mornin his faither wis nae langer in his senses. And as he stuid by the bed, he saw the wumman leukin at him and the feartness wis in her een again.

They tuik turn about wi his faither aa throu the day. It rained hard that nicht, but as he leukit out the chaumer windae, the muin flauchtert throu a bit bore i the wattery rack on the glesshouss ruif and the empty field.

And it wis like he still saw the wumman on her knees out there i the field. And a wheen daftlike things gaed throu his mind—like the thocht o the lettice seedlins the wumman had plantit, and the weit seep-sabbin throu her claes, and doun throu the yirth to the wee threid-ruits that were soukin the rain water into the green life o them. And her on her knees.

And the frichtit leuk in her een.

He heard his faither's braith frae the ither side o the room. He turnt awa frae the windae and saw her, and she wis sayin wi her een, 'The morn's mornin there will be only the twa o us left.'

He countit the number o times his faither's braith gaed rispin in. And she said wi her een. 'I hae duin only what I thocht wis best for the thrie o us. I hae kept a clean houss. I hae fed ye baith as weill's the siller wad let me, and sacrificed my ain bite to you and your faither i the winter whan there wis naethin comin in aff the nursery.

'And yesterday I workit aa eftirnuin i the field.'

He leukit back at his faither, and stertit countin again....

* * *

She waukent him up i the smaa hours o the mornin. 'Your faither's speirin for ye,' she said.

His faither opened his een and tuik the wumman's haund and his son's, and he laid them thegither.

Syne his son stoppit countin.

And he said to the wumman, 'Nou there are only the twa o us left.'

THE MAISIC LESSON

A blaw o win ersed Tommy Proudfit in aff Sunnybank Main Street to the gray-daurk ben o the rid-saunstane tenement whaur Uncle Wullie-the-kirk-organist bade. Uncle Wullie's wis the first door on the richt alang the trance. It had a poukit-lookin bass forenent it. There wis a bell on the door-cheek that had langsyne stappit workin, and throu twa frostit-gless panels on the buiner pairt o the door there loured the uncouthy deid-mirk void o the lobby inside. The hale place had a mochie, foustit smell.

Tommy swithered. It wis near six weeks sen his fecht wi Big Jimmy Packer ower the heid o the snash Packer had scrapit on the schuil lavvy waa about Tommy be-in a bastard. Tommy had gien Packer his licks for that—but at a gey saut price. Efter serrin baith o thaim wi the tawse, Auld Nappy-the-schuilmaister had caa'd on Uncle Ben and 'Auntie' Katie at the nursery to complain that Tommy had driven ilk ane o his teachers near wud wi his cantraips and mischief-makin. The outcome had been that the three o them had gotten their heids thegither to set his nose to the grunstane, no juist at his day-schuil wark, but at the weekends tae, by sendin him up to Uncle Wullie on Setterday mornins for a course o maisic lessons, and back again the followin forenuin to Sunnybank Pairish Kirk Sunday schuil, to see what they coud dae there to help in his moral regeneration.

Sae it had gaen on for the past five weeks. But at his last pianae lesson, Tommy had been hauf an oor late in turnin up, and Uncle Wullie had gotten that crabbit, he had sent him hame and telt him no to set fuit ower the doorstep again, if aa he coud dae wis waste folk's time and pester the life out o aabody he cam in contack wi. Nou this wis Tommy back under thraet fae Uncle Ben that if there wis onie mair o his nonsense, he wad gie him sic a leatherin, his backside wadna thole sittin on for monie a lang day efter it.

Tommy chappit at the door doutsomely. His hert sunk as a sheddae-feegur tuik shape ahint the gless panel. There wis a lowden cough, then a fummlin like it wis a blin body graipin for the door haunle. Then the door opened slawly and juist eneuch to allou a smaa heid on a lang neck and a pair o knurly shouthers, to kythe out o the mirk. The een, set in twa deep howes, sichtit the veesitor wi nae show o kennin. Onie last styme o crouseness hirsilt away out o Tommy's hert ablow the dour, ill-hyvered glower.

'I've come for my maisic lesson,' Tommy said, surprised to fin he had near added 'sir', like it wis Auld Nappy-the-schuilmaister he wis addressin. Respeck wis the last thing he felt for Uncle Wullie. Uncle Wullie wisna what ye coud raely caa a man at aa. No alangside Uncle Ben. He wis lang and failed-lookin. His shouthers were like the cross-sticks o a craw-bogle, wi the claes juist hingin on them. It wis a blaiker hou he had ever come to be Uncle Ben's brither. He had been mairrit yince, but his wife had rin awa and left him. And nae wunner. He seemed mair an objeck o dereesion than respeck. That wis, till ye lookit into thae great daurk howes wi the een glowerin out o thaim like they were readin every single thocht in your mind.

'Come in.'

The vyce wis cauld and aff-pittin—like its awner wad raither hae shut the door in his veesitor's face. Tommy steppit inside sweirly. The tall man noddit cuttitly to him to shut tae the door, then precedit him alang the lobby by a hat-an-coat staun whase only yuiss seemed to be to cairry on its tap richt-haun knag the bleck bowler that Uncle Wullie wure on Friday nichts to the choir practice, and to the kirk on Sundays.

The room at the faur end o the lobby, that Tommy follied the shangie feegur into, lookit a wee thing less daurksome than the throu-gang they had juist left. The sprots o a new-kennilt fire glintit and sparkit inside an auld-farrant grate. The smeik bockit every sae aften into the room fae the chimney doun-draucht. Twa o the bottle-green tiles were wantin fae the hearth and twa-three ithers were crackit. The fire-neuk wis inclosed wi a heavy wrocht-airn fender.

A table stuid on a rag rug i the center o the flair. It wis spread wi a table-clout smaigit and scattit wi what lookit like a weeks-auld harl o breid crummles. At yae end the table stuid a cup and saucer and a breid-flet wi a single hauf-shave o loaf on it. Forenent the flet lay a daud o butter still in its paper happin. Aside it wis a jeelie-jaur, open and sclatched and sticky-lookin roun the rim and doun the straw-berry-labelled sides. It appeared like Uncle Wullie had juist feenished an unco late brekfast. A wappin aik sidebuird owerfret wi furlie kervin-wark, and twa rexine-covered easy chairs and a single orra-chair made up the lave o the room's plenishin.

Uncle Wullie hoastit as he boued ower and pirled the fire throu the ribs wi a poker. Then he strauchtit and turned, and yince mair, Tommy fand himsell the objeck o a glunch that seemed no a hair's breidth fae out-an-out staw.

'Sae ye're back, are ye?'

Tommy's een drappit to the flair. Forby the rag rug, it had nae ither cleidin nor a ply o linoleum, crackit in places, and worn richt throu to the buirds in front o the door.

'To waste mair o my time, nae dout!' the tall man gaed on.

Tommy tried to look condoningly ruefu.

'Stop actin, boy!'

Tommy's heid yirkit up. Uncle Wullie's deepsetten een had a smeuchterin look in them, like they were burnin wi some deep-doun benner rage.

'I already telt your Uncle Ben—ye're no the least interestit in maisic.'
Tommy's een gaed back to the flair. 'I like to hear it, sir.'

Uncle Wullie glentit back sherply. Gin his faitures held a flichter o gratification, his mainner wis as dry-farrant as ever.

'Dae ye, nou?' The vyce, a heich-set tenor, raxed louder and mair grudgefu, as if the awner wis purposely dingin himsell into renewed ill-will. 'For guidsake, boy, there's no a body alive that disna like maisic o some sort!'

Tommy fidged. The tall man sturtit him like he'd never been sturtit afore. His wey o speakin wisna like oniebody else's. His ilka word and gester were sae dooms-earnest, ye wad hae thocht his very life depended on it.

'Answer me straight, boy. Are ye gaun to stick intil't this time, or are ye no?'

'I'll—I'll try my best.'

'If ye're only sayin that because ye think it's what I'd like to hear, then the suiner ye get back awa hame the better. Ye maun promise aefauldly to keep at it this time, else I'll be lettin your Uncle Ben ken I've washed my hauns o ye for nou and aa. D'ye promise?'

Tommy hotched. He wantit to tell the auld fuil to gang to the deil wi his pianae lessons. He wad hae duin sae, tae, if it hadna been for thae eldritch een—fairce—hypnotic—leavin him near speechless and able for nocht but to gie in. The strange thing wis, he wis awaur at the same time o a droll, byornar crave to be weill thocht o by the auld josser.

'Ay,' he said. 'I promise.'

'Aa richt, then. Nou we ken whaur we staun, we can get on wi the lesson.'

Tommy follied Uncle Wullie outside and across the lobby to the opposite door. As he did sae, he glentit til the tither end o the throu-gaun. A short skelp and he coud be out and awa. Back at the nursery he coud bum them up that he had been up at Uncle Wullie's aa richt and had his maisic lesson, and since the twa uncles had little troke wi ilk ither, it micht be weeks or they fand out.

That wis what flochtit throu his mind. Aa the same, as shairly as if he haed been hapshackled to Uncle Wullie, he fand his fuitsteps airtin him into the ither room and the pianae.

This apairtment lookit on to the street and wis a wee thing lichter again than aither the lobby or the back room—but nae less gowstie. The antrin body passin by outside on the plainstanes only serred to increase the sterk steirlessness o the place. The foustit smell Tommy had noticed in the tenement trance wis present here tae, and there wis a scaum o damp on the keekin-gless abuin the mantelpiece. In the hairth wis a sconce wi the limn o a Japanese leddy wi her fan. It lookit like it had been staunin there intact for years. An upricht pianae, wi a hale set o organ pedals fittit til't, stuid alang the waa opposite the door-cheek. A ful-lenth organ stuil spanged the pedals.

As Uncle Wullie bent forrit ower the ruck o maisic albums and sheets stackit on the flair aside the pianae, he gied the same short hard cough as when he had leaned ower the fire in the back room. He seemed to be haein some adae findin what he wantit amang the sheets and single torn pages stickin out wyne and onwyne, richt doun to the flair, and Tommy's attention strayed to the heid-and-shouthers portrait o a young wumman on the waa atour the pianae.

She lookit rale bonny, he thocht. There wis a wee hauf-smile on her lips that added a lot to her winsomeness and gart her seem fair out o place in sic doolsome surroundins. No at aa what ye wad hae expeckit Uncle Wullie's wife to look like. It wisna ill to see hou she hadna tholed bydin in a dump like this wi an unco body like him. In fack, hou she had ever got in towe wi sic a big lang dreip o watter wis as big a blaiker as hou Uncle Ben had gotten him for a brither.

Uncle Wullie feenally waled a book fae the stack and he raised himsell to the organ stuil. Tommy yirkit his een awa fae the portrait. The tall man didna seem to hae noticed. He stuid the book on the stand and pyntit to the tap o the saicont page.

'Scale o G, richt haun!'

Tommy tuik his sait on the stuil and did as direckit.

'Nou baith hauns—an for guidness' sake dinna thump the keys like ye were pushing pennies into a slot machine!'

The lesson proceeded. Efter the scales, Uncle Wullie brocht out a tattery copy o Loeschorn's Progressive Studies Book One, and a booklet caa'd Rudiments of Music. At the end o't aa, Tommy reckit he coud hae gotten the gate o't easy eneuch. But maisic wis a big lassie's gemm—aa richt for jessies like Uncle Wullie, but no for men—rale men like Auld Paw Proudfit and Uncle Ben. What Uncle Wullie wis thinkin o't he coudna tell. At least the riled look and unpatient froun had disappeared, and only the pensefu cast wis left in the smouderin een. And it seemed to be aye there, like the feyness that hung ower the hale daurksome houss.

The tall man markit aff the scales and pairts o the Studies and Rudiments that Tommy wis to prepare for the next lesson. He had juist duin tickin aff the Rudiments pages when the short hard hoast

71

cam again—and again—and raxed into an een-on kink. As he leaned ower the pianae, a big vein stertit wrigglin like a worm on his forebrou. Feenally, near fauldit in twa, he ruggit a gray-lookin hanky fae his poutch and, haudin it tae his mouth, he hastied out o the room. Syne Tommy heard the watter tap rinnin in the kitchen.

No kennin whither to byde or follie, he sliddered aff the organ stuil and wis about to mak slowly to the door when a fauldit sheet o yellochy paper stickin out fae near the fuit o the ruck o maisic on the flair cotcht his ee. It wis a program for an organ recital in Glesca Cathedral. The sindry eetims meant little or naething to him. What gruppit his attention wis the name o the organist—William F. Proudfoot FRCO.

Except that there was a prentit name ablow the haun-written in. Only the FRCO wisna touched.

The hoastin in the kitchen subseedit. In the braithless quait that settled back doun ower the houss, Tommy's thochts were harled back to the portrait abuin the pianae. As he watched, the wumman's face seemed to come to life, and she wis watchin him tae—what he wis daein wi the sheet o yallochy paper in his haun. Like she wis tellin him what happened in this houss wisna for the keekin een o strangers—that what wis scrievit on the paper wis a maitter privy to hersell and Uncle Wullie alane.

He replaced the program in the stack exackly as he had fund it, then backit awa, eerily conscious that her gaze wis still on him richt up to the door. He crap out into the lobby. Forby his ain movements, there wisna a steir. The back room door wis open. He lookit in. Uncle Wullie wis sittin in yin o the twa fireside chairs, richt on the edge o't, beikin his hauns at a fire that, excep for yae peerie-wee flame, had gaen bleck-out.

Aa Tommy wantit to dae wis slip sounlessly alang the lobby and out into the street and the guid caller air. Insteid, he gaed on into the room and sat doun in the orra-chair alangside the man at the fire.

GEORGE HARDIE

HERRIN GULL

Grenite hard,
caulder nor ice
an shairp as a frostit starn,
the vyce o the sea maw
skraichs defiance
at aa creation.

Threips o the sea
his meat,
an winna
thole refusal.

An unco chiel
tae cross,
fechtan
his endless war,
whaur survival lies
i the shairpness
o een an beak
an nae prisoners
are taen.

GEORGE CAMPBELL HAY

MEN ON GAMILA

A wee ridge o cairns and craigs and scree it is, a kennan mair than a
thousan feet heich and nae mair than a mile braid, that luiks owre tae
the snaws o Thasos and maks a dyke atween the Aegean and the plain
o Drama, whilk is itsell an elbuck o the Strymon plain. The Vounelaki
is the name fowk hae for't the day—the *Cnocan* or the *Knowe* ye micht
say. The Turkish sodgers in the auld days maun hae had mair imagi-
nation than they're gien the credit o, for whan they war aboot the
place it hecht *Gamila*, or 'the Camel'. It tint the name a while syne,
whan the Ottoman Empire flew intae flinders, but it didna tyne its

shape o a humpbackit camel liggan alang the east o the pass owre tae the sea.

The Camel—gin it had a tongue tae answer yere speiran, mony's the muckle man and faur-kent deed it coud reel aff it. Tae the West, ablow the winter kairry, Pangaeon glowres across the drookit plain, a plain as flat and toom as the loof o yere haund; and amang the trees and busses on his laichmaist slopes dern the auld diggins whar the eident Phoenician fowk sweitit efter gowd. Awa alang the Nor road that heids in the airt o Drama and the Bulgarian border, they biggit the toon that was efter caa'd Philippi. It's maistly a rickle o stanes the-day, white speltert stanes glisteran amang the gerss, wi the bells o the gaits jinglan owre thaim,

Xerxes cam by on this gate, gat his kail throu the reek frae the Athenians and ithers Sooth awa, and the lave o his airmy (for a hantle o thaim bade ahint wi the mools o Attica on their cauld een) shauchelt back on this gate again. A wae, gangrel-lik dross o an airmy they maun hae been, feart o what followed ahint thaim and feart o what lurked aheid o thaim; for they maun hae kent weel eneuch that the caterans o Thrace widna be owre blate aboot giein thaim the time o day aince they crossed the Nestos eastward.

Here, they say, wi Caesar nae lang deid, the gleds had their tulzie owre what he left. Twa airmies focht twa battles for the road tae Rome, and Rome itsell. And siccar it is, mony's the puir body frae Brutus's brokkin ranks wha jinked his wey, pechan and blint wi sweit, forfochen and swaiveran as he gaed, amang the tumble o granite cairns on the crest o Gamila.

This, tae, was the gate that Paul cam—Paul that aince was Saul—answeran the cry he heard in the nicht frae the man o Macedonia. He left the shores o Troy, his story rins, liggit ae nicht in the bield o Samothrace, passt atween Thasos and the braid plain o the Nestos wi the river-haar sooman owre it, and gaed ashore at the Kavalla o thae days. (Neapolis or New Toon it hecht then.) We haena read it written and nane has telt us, but we ken it weel eneuch—when he liftit the heid o the brae owre the shouther o the Camel, and wan his first blink o thon plain, flat as a dancean-flair, braider than the sicht can cairry, Paul stoppit deid and his dogmas dwined awa tae naething, as he thocht on the Ane that streetcht oot thae carses and biggit thae moun-tain-waas aroond and ayont thaim.

He fand nae steekit lugs nor staney herts in Philippi, but, gin his God had gien him a foresicht o thaim that war tae bruik the pass efter him, he wad hae grat. The Avars wi their cutty-bows and their lang hingan moustaches, on their lang-tailed Tartar shelties, cam tae reive and tae herry; and, waur aamaist, the Bulgars—drawn by the warm airs aff the Aegean—tae thrapple the leid and smoor the spreit o the Greeks (twa things nae man can dae) and mak the land their ain. Aince, twice, three and fower times they cam, ettlan tae bide, and the last time they howkit gunpits and trenches alang the back o the Camel, and blastit oot caves in its granite for their ammunition and spyan-posts.

Orra fowk and feckless, for their caves welled fou o spring watter, and noo the kye gang doon intae their gantan mooths tae slocken their drooth.

The braes o Gamila are aa theekit wi laich busses—dwarf-holly, acanthus, a kind o myrtle and the lik. The lizards and smaa birds reeshle amang thaim, and the gaits thole the thorns and crop thaim. (Aathing's meat tae a gait, e'en a poke o nails, as ye ken.) Winter and the war that's gane, poortith and the cauld, send the men o Kavalla—they hae toom wames and toomer pootches, the sowls—alang the braes and doon thro the howes efter firean tae warm their weans or tae sell for breid.

And sae it is—on thae days aboot the gait-tracks o Gamila, whar the airmor o Greek and Thracian, o Mede and Persian and Phoenician has cast flauchts o challancean licht; whar dorty Romans, brokkin and dauntent, hae rin lik tods wi a wheen o tykes ahint thaim, ye may meet aa the gairit claes that are seldom tae be seen on the causeys o the toon, and hear the tales that the warld wi a weel-stechit wame has nae patience for. The doon dyvour, the herrit and hapless, stacher alang thae tracks, booed doon by the wuid they aiblins hae pluckit wi their bare hands. Aften I didna ken whar tae pit ma een as they had telt me hoo they passt their months and years o war. It's nae that they mak a puir moo o't. There is smeddum eneuch amang thaim in spite o the fankelt threid o their fortune. And there are nae sornars amang thaim. They hae never as muckle asked a cigarette frae me, and aften they hae offert me ane.

There was a hantle o fowk up and doon the sides Gamila. Ane I met was sittan on a rock, leanan back on his bundle o wuid and sookan at a black cutty pipe. I never afore saw sic gairit claes—it's God's ain truith that ye coudna tell what color they micht hae been the day they cam frae the tailor and war first clappit on his shoothers—green and blae, dun and hodden-grey and black they war. But he had as gleg a pair o een and as weather-beaten a face—broon wi the sun and reid wi the caller wund—that I ever mind o seean.

'*Ti khabaria?*' I said, sittan doon on the rock at his elbuck. 'What news?'

'*Askhima,*' he said, 'Ugly'—and noddit at his bundle o sticks, whilk maun hae been heavy eneuch for e'en a guid man's shouthers. 'What life hae we? The Bulgars hae stawn aathing and soopit us clean and haena left us a mule itsell tae cairry oor gear…Guid day tae the cuddy!' he cried as some laden frien o his gaed bye sweitan and pechan, and he leuch.

'What hills war ye on, and was't for lang?'

'Three-fower years,' he said. 'Up aboot Pangaeon and the Falakron Moontains atween Drama and Bulgaria. Did ye ever hear the sang:

I never reaped the hairst o sleep, I never joyed the sweetness,
My hand the pillow for my heid, my side the bed I ligged on,
Sweet reid wine I never drank, new breid I never tasted.

What wi snaw and ice and hunger in the Winter, and heat and drouth in the Simmer, it was nae ploy for weans. Aince on Pangaeon the Bulgars cam aa roond us, and for five days we had nae breid. The drooth was waur nor the hunger, and weel the Bulgars kent it, for they kept their een nicht and day on every burn on Pangaeon. They killt my brither whan he gaed doon tae drink. At the end o't we gaithert thegither and shot oor wey doon tae the plain and the shore.'

'Weel,' said he, knockan oot his pipe, 'I maun play cuddies again. Guid day tae ye, Johnnie.' And he shoothert his sticks and aff wi him, whistlean.

'I'd liefer hae ye for frien than fae,' I thocht.

Siccan men ye wad meet on Gamila. Men wha had felt aa the wecht o the war, some wha had gane doon and ithers wha had stuid straucht. The factories o Germany, the hames soopit bare by the Bulgarians— on Gamila I heard it aa.

Ae Sunday as I cam skelteran doon the brae I fand richt forenenst me an auld shepherd liggan at his ease amang the wee busses, his muckle horse-hair cloak happit aboot him. He had a braid face wi a rowth o whiskers roond it.

'Hoo's yere trim, man?' I speired him.

'Ma trim?' he answert in a wee, thin, dowie voice. 'An auld man's trim. *Tha xeris ama yeraisis*—ye'll ken what that's like aince ye growe auld.'

Man, I thocht, o aa the men on Gamila ye are the ane that has said something eternal and universal. By the side o yere complaint the deeds and misdeeds and sufferans o Greek, Phoenicians, Roman, German or Bulgarian are juist wisps o dry gerss fleean by on a waft o wund. Is't the licht fuit and hert o youth that ye've tint and that bothers ye? It made men in Palestine wae afore ye, and men east in Troy. It vexed Llywarch Hen and Oisein left alane, the Owl o the Strone and the Hunter o Loch Treig. Ay, auld man, liggin there in the buss, yere wae words will be in some ither mou whan the twa o us, the war that's gane and the for-why they focht it are clean oot o mind...But, man, ye hae fair drawn a clood across the sun!

LIVES O MEN

(Caller Herrin)

The kyle is haice the nicht.
The skiffs an aa the men
wander but lee or licht
till mornin comes again.

The big seas smoor the bows.
The kairrie smoors the sterns.
An they can but jalouse
whaur the leeshore derns.

Herbar's a faur cry.
This side o't mishanters lurk;
an mirk is mirker aye
fornent thaim i the mirk.

Nae day was yet sae bricht
as the morn's i'ts eastern place.
The shoals soom safe the nicht.
The nicht the kyle is haice.

WILLIAM HERSHAW

OTTERS' TOUN LOCH

Otterston Loch this hot day
Watter soondin Hopkins name
Leafed owre aff the migraine road
Minds me folk flingin breid
At cobs and pens while ducks dook
Paddle plowter splash and a bairn micht ask
Whaur dae the otters bide?
A hale otters' toun o them?
Liquid futrets weet backed mowdiewarps
Tunnel watter mine foam flecks
Dae tricks in a loch thresh whaur
I fain wad play wi them.

HARVEY HOLTON

THON THING CAWED LUVE

Lik lava, feelins lowe intae be-in,
smoorin thairsells tae whunstane thocht:
bens wi peaks on the leimit o sicht;
twae swans fleein tae the loch's ferr end;
a whyte rose on the palest o skin,
baith jaggit an yit rowth.

TOM HUBBARD

BALLANT ENSCRIEVIT IN ANE BUIK O PENTINS
BI PAULA MODERSOHN-BECKER

The lass i the gairden
Ilka secret wad ken:
Big Faither decreed her
Dounhauden bi men.

They'd dae it the haurd wey;
They'd dae it the saft;
Aye aroun for their spielin—
Kept richt bonny—an daft.

Whan they tired o her presence
Ither pleisures they socht;
Sae they tuik tae aa wars
That hae ever been focht.

Perfectan their bludgeons
While she bade at hame;
But nou her auld honours
She's come tae reclaim:

She pents, shapes an scrieves
An reverses Goad's plan
—*Das Ewig-Weibliche*
Zieht uns hinan.

ALEXANDER HUTCHISON

'CES LONGUES NUICTS D'HYVER OU LA LUNE OCIEUSE'

From Ronsard (1524-85)

These lang dreich nichts, fan the Meen's
a traichlin traal gaun roon sae sweir,
fan the bantie's blate t' gie's a cockle-daw,
fan mirk for ivry sowel sair-deen's raxt oot a year—
A micht've dwined athoot yon unco freen,
that dodged richt roon t' swage ma stoonin hert,
an settl't bare as licht in my airm-span,
t' sing sae douce o blithe an lees.
Nae doot ye're prood an coorse an caal;
bit in seclusion fine a hae yer tween.
Yon bonny bogle coories doon sae swack:
alangside her a stan or tak ma ease.
Nithin's ivver been held back.

79

Syne sleep's the salve that chaets the deepest dool.
Fan love deals oot yer haun deception's
trumps—nae herts—exception maks the rule.

'PUIS QU'ELLE EST TOUT HYVER, TOUTE LA MESME GLACE'

Since she's hale winter, nithin bit ice,
aa snaw, an her hert birsels wi spikes an ice,
an only ma sangs tak her likin ataa,
fit wye am I here besottit—an nae awa?
Her name, her faimly, fit is it t' me
bit bondage—rigged fancy—that gran pedigree?
Lass, a'm nae sae grey or bald or saft
that some ither, warm-hertit, quidna clim t' ma laft.
Love's a bairn that's nivver gainsaid.
Ye're nae sae prood or weel arrayed
that ye can spurn strachtforrit hert's affection.
Blithe spring's awa—it winna tak direction—
bit loo me noo for my scant hair,
an a'l catch yer haun fan it trimmles at the stair.

BILLY KAY

INRUSH AT NUMMER FOWER—GALSTON,
AYRSHIRE, JUNE, 1927

Sannie waantit tae get awa fae it aw. They were richt aboot there be-in nae sowels doon the pit, for if ane was a sowel, ye was aw sowels, an ye coudna survive wi an attitude like that. But for a wee cheinge, Sannie took allooed that he was a sowel, an the sowel was for a hoaliday.

It was that braw, the wather that caller douce wey it can be on a simmer's morn in Ayrshire. So Sannie left his jaiket an piece bag ablow the brig at Burnhoose, syne daunert alang side the Burnawn. The sunlicht blintered on the chuckie stanes in the watter, but chuckie stanes, e'en wi the sun on them, coudnae pass for agates, so he waunert on for a wee while, then gied up, for the glint oan the watter bothert his een. A guid wheen o the miners had it, 'the Glennie Blink' they cried it, efter the wee bit Glennie lamps they cairried. Gey queer it was, ye hatit the daurk, yet ye coud haurly thole the licht, an whiles, the very sun ye loed and langed for wad hurt ye an gar ye weesh ye was in the daurk again, gin that was whaur ye belanged, despite it aw!

He warselt up the braeside tae the cairn atoap the highest hull in the valley. He felt guid up there, for he coud see as faur as the coast, wi the black mountains o Arran ootlined against the blue an white o the lift. Or ahint him, there was the mairlands, deep broon an bare tae the warld. Or tae his richt, the wuids, teemin wi hares an rabbits juist beggin tae be poached an turnt intae meat an soup. Or there was the Irvine, whaur mony's the time he had guddelt for troot. Ay, the bonnie sichts was there aw richt, but the braw things coudnae hide the Galston pits an the idea that he should be awa doon there ablow the grun, like the wee craturs that dwalt in the mowdie holes in the park roon aboot the cairn. He thocht tae escape the pits, but even up here the very mowdie holes an the fact that he was happit in moleskins tae, serred tae mind him o the life doon ablow the grun.

He luikit ootower the toon an coud see the muckle wheels turnin, nine o them. Wheels o misfortune, it struck him. Fourteen hunner men wrocht in the Galston pits, the Maxwuid, Goatfuit, Loudoun, Streetheid, Holmes, New Pit, Titchfield, nummer twa Gauchallan, an his ain ane, Gauchallan nummer fower. The sun was waarm on him as he thocht aboot the musty heat o the coalface an the damp o the pit pavements. Even when ye et yer piece, ye had tae bide oan yer hunkers tae keep aff the watness. Gin ye wrocht in a dry, waarm bit ye were drookit wi sweit, an gin ye wrocht in a wat place ye were foonert wi the cauld dreebles o watter slitherin doon the back o yer neck. If it wasnae ae thing it was anither, aye somehin tae thole an sweir et.

He saw McTurk howkin awa at the face. Main coal it was, hard as buggery, but the best there was. McTurk thocht it wasnae cannie hivin a seam o Main coal only twinty fadom fae the surface, whaur Major should a been. Main was usually too deep tae drive, yet here it was, ris up gey near the very surface! But he was aye haverin on aboot somehin, McTurk. For aw his muckle shoothers an bawrel chest, he was like a sully doited lassie whaur supersteetion was concerned. Whiles, like yesterday, some glaikit bodie wad set his hair on fire wi the lamp flame, an if the fella wasnae hurt, everybody got a guid laugh. Awbody but Hughie, that is. His een wad be lowin brichter than the flames, an ye wadnae hear a wheep oot o'm for oors, that serious he took awthing. Gin ye heard a tree crackle, an thocht mebbe there was danger, ye saw Hughie skelp awa as shuin as luk at ye. Mebbe he was mair feart than the rest, for he kent he coudnae gang fast wi that gammy leg o his. Maist miners didnae waash their back, for they thocht that waikent its strenth an made ye aw the mair vulnerable. But they uised tae kid on Hughie that he didnae wash hissell at aw, an that was cairryin supersteetion too faur!

The levels we were workin the noo was up a stey slope, wi a drum at the braeheid wi ropes tae let the fou hutches doon ae side, an pou the tuim anes up the ither. Samson, the wee-est cuddie in the hail pit, drew the hutches tae the brae-heid for us, man an beast workin thegither in the daurk. McTurk wad likely be sweirin because I wasnae there tae draw for 'im, for the boay they'd gie him wad slow him doon. He wad be that fashed aboot no daein his daurg that he wad likely full some durt, then spen the lave o the shift wi a face like a fiddle, worryin whether the checkweighman had riddelt 'im an fun mair durt than was allooed. Three ton a man was yer daurg, an damt sair waark it was gettin it duin. As Sannie thocht aboot McTurk, the big ane's worries shuin became his ain an he hauf weeshed he had gane tae his waark tae get some money for the faimly. But the ither hauf weeshed he didnae need tae work there, wi McTurk readin meanins that werena there intae awthing that happent.

The weans playin peevers an bools oan the street were surprised tae see a miner gaun hame at this oor, but they were juist as wice as ever. 'Ony pit piece, Mister,' said the biggest o them, an smiled when Sannie gied him his scones an cheese. 'Min an enjoy that, noo!' said Sannie, 'there'll no be sae muckle the moarn,' an quieter, intae himsell, 'when I'm workin.'

The neist efternuin

Matha shouted, 'I'll awa, Mistress,' an he was oot on the line that led tae nummer fower, whaur he wrocht as chief fireman. There was plenty time afore the efternuin shift sent its cages doon, so Matha taigelt lang enough tae admire the countryside. Here there was nothin tae obstruct ye. The hulls was aw roon aboot, green, speckelt broon an white wi the mulk kye. When he got tae the pitheid, there was an awfu steer aboot the place. 'Somehin's faur wrang here,' he thocht, breengin throu the crowd tae the main office.

Kyle, the pit owner, sat heid in his hauns, lukin wee an loast. His vyce had loast nane o its confidence, tho. 'Matt, there's been an inrush of moss at the Main coal working. Five are accounted for, two men are missing. I want you to take the inspector, manager and insurance official down to examine the place and, if possible, report what can be done to find the missing men. You'd better take another miner with you, in case you need a labourer.'

They should never hae been sae nearhaun the surface, Matha thocht tae hissell. They pit wuiden trees an stells in tae haud the ruifs o the seams that were wrocht, but whit guid's wuid against the likes o freist an sodden grun soakit ower hunners o years. Matha had seen it aw in his day, but it still scunnert 'im, the peety an waste o it aw. If it wasnae juist puirtith, it was rickets for the weans, silicosis for the men, or an accident that left a faimly wi'oot a faither, or a faither wi'oot a leg an nae hope o gettin ocht o a stert onywhaur. As the cage gaed doon, Matha thocht, an hatit.

Doon ablow, everyhin was smashed uissless, tracks, hutches, the men's graith itsell, aw in bits. The inrush had cut doon throu eicht different levels richt tae the main pavement, cairryin ocht that got in its wey. The pairty sprachelt throu the muck, no kennin whaur tae luk, nor whit tae dae. At ae clearin, Matha noticed the ruif was needin wuidit, syne he cried for a stell. He propped the stell up an pit a lid unner it oan the pavement tae haud it siccar. The lid didna seem tae lie richt, sae he stoopit doon an was clearin awa some glaur, when he liftit a man's haun. They severed him free o the muck, Matha gien the job o waashin the body. It was McTurk. Matha had a vision then, an a lang time sinsyne, o McTurk sensin the roar an crack afore he was even awaur o it, an hirplin awa like a demented cratur that kens it's aw bye. They rowed the corse in a bit claith an cairrit him tae the cage. Matha sat doon on the cage bottom, back against ae side, Wullie Morton at the ither, baith their knees raised tae form a chair. The remains o Hughie McTurk was sat oan their knees an brocht up, an up, tae the guid daylicht.

It was a guid twa-three days gin Sannie was brocht up. He must hae skited awa along the level, jookin doon throu the aul workins, hearin the rummle ahin 'im an hopin tae escape it doon there. God only kens, mebbe it was licht he was lukkin for? They fun him in a daurk womb o glaur, hauns thegither, knees tae his chin, like a wean aboot tae be born, that's prayin.

DOUGLAS KYNOCH

ALEX SCOTT (1920-1989)

Whit wis he lyke?
The dry-stane dyke
alang the ley,
stude up the wey.

A harlt touer,
that leuk't some dour;
but fullt the hauchs
wi roars o lauchs.

A snaa-crount ben,
that geddert syne
a cairn o steens
as shairp as preens.

As gleg a lad
as ivver caad
a spade a spad.

THE FUTTLER

Hine at the baak o hivvenlie beyond,
there sat the Lord Omnipotent himsell;
his min' on michtie maitters, he wis futtlin
fut micht hae haen the makkins o a chiel.
Nae seener cud ye see fut he wis ettlin,
nor, och, he wearit. Wi a saft 'Ay ay,'
he pat his futtlin doun upo' the wark-binch
an wannert furth tae seek anither ploy.

Birlin a planet peerie wi ae han,
he furlt a meteor ben the lift wi th'ither;
syne plowtert wi some Middle East minneer
(tae hult the priggin o a preacher's mither,
lang hunkert on the manse baak-bedroom fleer);
an here he vrocht a bul an there a buckie.

84

The aff-cast futtlin, tho, haaf-deen, haaf-doitit,
wis keest upo the warld an kirstent 'Jockie'.

T S LAW

THE WYCE FOOL

The wyce man's quate, caum sooch bydes aye alane,
sae nae folk need adore nor yit abhor him:
an cullan, waste nae peetie on the wyce
unless ye lyke yer paiks in guid advyce
tae preach it.

A fool parades nae follies but his ain,
an syne aabodie else's peetie for him:
an cullan, gin ye tell a fool the wy,
as lyke as no he'll cowp ye in the cly
tae reach it.

Whaa then's the wyce man, cullan, whaa the fool
that gied advyce or taen it tae yer dool?

Sooch ower it lik the wyce man till ye ken it,
an whaa ye tell
suid no be me, nor him, faur less yersel.
Ye may depend ont
that truith, lik tyme, need never advertise
tae prove the wurld birls roond it lik the skies.

JOHN T LOW

ROBERT McLELLAN—THE STORYTELLER

Readers o *Lallans* already ken fine Robert McLellan can scrieve guid
Scots in the tellin o a tale. Some will mind 'The Carlin Stane' that wes
prentit in Number Sax, Whitsunday, 1976. A typical McLellan story
that ane is, about a bairn's ploy the day he gangs wi his cuisins to the

Carlin Stane to catch beirdies (lairge bewhuskered mennans) and herry a foggie-bees' byke.

Young Rab comes out o that story as a kin o hero proud o his stings and proud o haein gien Bob a black ee and a bluidy coulter. His mither is gey proud o him tae, at the end, and hechts to tak him back to the Carlin wi his daddie for a picnic—'juist the three o us'. This story, ye'll aiblins mind, begins wi an awesome descryvin o the Carlin Stane and its whirlpool—'that wad souk ye doun if ye gaed doukin in it'.

That's ane o Robert McLellan's mony guid-fores as a writer: he's maist skeilie at pentin a scene. Tak some o thir stories in *Linmill*. In 'The Kittlins', he descryves the view frae the hey-laft skylicht, for young Rab an antrin warl o daft men frichtenin the craws aff the berry beds. In 'The Saubbath', we hae a shairp glisk o the loun himsell aa dresst up in his finery—'wi a yella blouse ... wee yella socks like a lassie's and silly shuin wi buttons'. Abuin aa, there's the descryvin o the Lowp in 'The Mennans'. It's there afore your verra een: ye feel frichtit o't and yet ye're drawn doun tae it and want to lowp across yersell.

Thir sax stories prentit in *Linmill* are aa about Rab the bairn that bides at schuil holiday time wi's grannie and grandfaither at the fruit ferm Linmill in Clydeside. Ilka storie has its ain mood and its ain bit skinkle o the warl. The first ane 'The Pownie' is telt straucht out o the wean's mind. It has the glamourie o a bairn's glint intae a bygaen age—in the descryvin o Rab enterin first the lichtsome wee room whaur he sees the harness for his mither's pownie and syne the cairt shed whaur in the mirk he can haurdly mak out the auld-farrant cairriage—the bodie. We dinna win to the pownie till near the end o the story, in a douce and dentie bit o scrievin that fair brings out the blytheness o the bairn:

'He had brocht me my pownie.'

The second and third stories i the buik are close to the bairn's mind anaa; but in thir twa stories it's mair the laddie's weys—his character—that begin to glint throu the wordies. In 'The Kittlins', he likes to be by his lane in that hey-laft in the steadin; and altho in 'The Mennans' he taks up aa his ploys wi virr, there we glisk his honesty, a benmaist evendounness that maks him refuse to begunk Tam Baxter. Nesh he is tae: 'I was begrutten aa ower.'

We hae a different kin o atmosphere aathegither in 'The Donegals'. This tale o 'the gangrel Irish' biggs up tae the great stishie in the barn: there's a *vis comica* richt eneuch here. Aa throu the dialogue ye can fair hear the Irish soun; and the blarney is trigley made pairt o the hale thing: the Irish couple saft soother the auld man eftir bribin the bairn wi a saxpence.

A mair serious note rins throu 'The Daftie' whaur McLellan yaises the technique o whit is caaed in Southron 'the flash-back' and what we micht caa in Scots the 'hinglisk' or 'hinglink'. The first pairt o the story brings us gey near the end; then out o the mynd o the man Rab has become we are telt about the drama o the missin bairn and its heich climax i the laft. A tragic souch blaws throu the hinner end o this tale; Mrs Lauder dees broken-hertit and Tam her man taks to the bottle and dwynes awa.

The hale collection—this blaud or swatch o McLellan stories—ends no on a note o drama bit on a note o heich comedy. 'The Saubbath' tells about Rab's black Sunday, about hoo he feels black affrontit dressed in his fancy claes forenent the ither loons and even mair black affrontit whan in the kirk he forgets to caa the organ haunle and 'the feck o folk dry up'. The story birls a bit near the end whan Rab's luck cheynges. Eftir he has bashed Will MacPherson, Will's twa big brithers gie him sic a skelpin that his jessie claes are aa torn to bits: '...there wasna a haill steik in my new claes'.

McLellan shaws a guid comic farrach and a grand *vis comica* aa throu this tale. There's sae muckle that gars ye lauch, like the bitties aboot the meenister 'like a hungert craw in his black goun' duntin the bible and makin the stour rise frae the cushion.

In this swatch o stories, Robert McLellan has gien us pruif that Scots can be yaised in feckfu mainner for narration o aa kynd frae the thochtfu and near-tragic, to the hamely and braidly comic. Aiblins we micht feel whiles that his Scots has a lilt o the Southron—'borin intae ither' (couryin doun thegither?), 'into it' (intill't?). But, sirs, wha are we to girn at a writer wha is a maister o Scots? Frae this wee buik we can learn a gey lot about hou to scrieve Scots in story-tellin. Copies sud be in the schuils in Scotland as weill as in our libraries.

NEIL R MacCALLUM

JUIST THERE TI SEE

Peyday past for owre lang,
The stert o the week near endit
Wi lowsin tyme weill past an gane.

Streets thrang wi skailin bodies
No an hour syne, haud naething nou,
Warth speakin o that is.
Nae rowt ava.

Nocht-for-they an airtless cratur
Trauchles by in queerlyke stravaigin wey.
Brist an balefu for
Thon that's gane afore.
He cairries whit he will.

At the neuk neist the stairwey
The auld wumman glowers straucht aheid.
She luiks at naething gaun by.
Hauf lyin,
She willnae staund,
Hauf sittin
In a puil o her ain makkin.

Here a poem o Hugo Claus owreset frae the Flemish. Hugo Claus
wes born in 1929 at Bruges, i the Wast Flanders Province o Belgium.
He is ane o the maist byordnar skreivars i the Flemish leid, be-in weill
kent as a makar, playwricht an novelist. His wark is whyles merkit bi
a rackit wershness.

FLANDERS FIELDS

The syle is weill-gethert here,
e'en efter aw thon years athouten dung;
here culd a bodie growe a deid chiel's kail
ti win the gree at onie mairt.

The cogglin Suddron veterans hae cryned.
Ilk year they shaw ti dwynin feres,
Brae-heid Saxtie, Brae-heid Saxtie-ane, Poelkapelle.

The hairstin-graith in Flanders fields descrive
the circles closin roun the twynin lobbies
o haurdent saund secks: painches o daith.

The butter frae this kintra wi poppies is gustit.

An here a poem frae the French o Jacques Borgeat.

PIAF

Your life hes been ill?
Come on, dinna greit!
Your frein ye nou meet.
Life hes ye stabbit,
peerie dool owre wabbit,
return tae me, I am aside ye!
This prisoner o life
made dowie throu strife,
come dowf dinna be!
I am aside ye.

ELLIE McDONALD

SMEDDUM

Me—fashed? I dinnae gie a docken
ye thrawn, carnaptious,
misbegotten deevil o ill-luck.

Ye pickt the wrang lass
gin ye thocht I'd shaw the warld
a sair begrutten hert. Forby

tulziesome tykes aye hirple hame
an fine I ken, at the hinner end,
I'll hae ye back—ye scunner!

JOHN McDONALD

SIX AN HAUF A DOZEN

Guru guru my legs
are awfie sair,
threidit in a reef-knot
sittin on the flair.

I cannae afford the uniform
so I'll no be in the clique;
forbye snowkin yon incense
maks me awfie seik.

I'll leave ye goavin frae yer third ee
(yon's acrobat's wark)
I'll juist rise up on the Sabbath
and dander doun tae the kirk.

THE SWAW

(Frae the Persian o Marzieh Usku'i)

I wis a smaa an thowless watter
rinnin throu wuids, bens,
an straths.

I kent that sic watters
dee athin thaimsells;
I kent that in seas,
in the swaw's breist,
new life is born
for smaa watters.

Naither the lenth o the gait,
or derklike cleuchs,
or the dreid o be-in stapt
kept me frae steir.

Nou I'm yin wi
the ayebydand swaws.
Oor existence is in raxin forrit;
oor daith is in be-in sweirt.

RONALD W McDONALD

UP E STAIR, DOUN E STAIR

Dunmore Hoose wes a puckle mile frae Steenhive an wes a gey coorse place tae wirk. Ma mither wis juist fowerteen fan she wes pit tae service in the big hoose. Lord Dunmore hissell wes a richt fine chiel, but the hoosekeeper wes an auld grumf an rulit the place like she wes a sairgent-major. Her by-neem wes Kaiser Bill an sum gabbit tongues made oot she shaved her mouser ivrie mornin wi a safety razzor.

It wes gey sair wirk i the kitchie; thare wes nae washin-up saip i thae days an they haed tae yuise soda, fit wes real coorse stuff. Monie a nicht, the quines wes greitin sair wi thair chapp't hauns. Ma mither haed tae stan aa day skourin pots yirdit wi grease; the oors wes lang; ye haed but a hauf day aff eence a month; an the pey wes onlie £8 a year. But it wes wirk or want then, an ye wes gled tae hae a job.

Ilka efterneen, Lord Dunmore haed his cuppie o tay serred bi a maid i the drawin reem. The upstairs lot wes gey uppitie an thocht they wes better nor thaim that wirkit i the kitchie. That's fit cums wi keepin yer neb ower near the gentrie's backside.

Oniewey, it wes gettin on for fly-time an the cook wes makkin up the server for his Lordship. Thare wes butter biscuits an Indie tay, wi a bonnie siller succar-bowle an cream joug, an the best been-cheinie that haed tae be washt up in a wee basin on its ain.

But suddentlie a skirl gaed up: 'Oh, Michtie me!! The milk's aff!' Thunner haed lappert the milk. Thare wes nae fridges i thae days, juist a hole wi steen waas happit ower wi muil caaed an ice-hoose. They keepit deid phaesands an siclike beasts in thare, but at didna help the milk ava. The hame-ferm wes twa mile awa. Fit cuid they dae? If his Lordship haed nae milk for his tay they wid aa be oot the door wi thair boxes an nae testification. Kaiser Bill wid see tae that. Cook luikit like a thunner clood. She haed nae man an she'd an auld mither tae keep. At her age, she cuid ill afford tae be seekin anither place. Things luikit blek.

Cook glowered aroun the kitchie an then spied the cat soukin at its dish. Puss haed the best o the cream in the mornin but haed hardly titchit it; the beast wes ower weel fed—it ett better nor monie a peir pauper in the wirkhoose. Cook grabbit the dish frae aneth the cat's mou in mid souk, but the dish wes yirdit wi cattie's hairs an snochers. Sair action wes caaed for.

Cook kiltit up her goun, lowsed her gairter an hauled aff her stockin. Ane o the young quines snichert at the sicht o her auld-fashiont lang drawers, but a glower frae Cook garred her skiddle aff intae the pantry. Cook streetcht the stockin ower the tap o a joug for a milsie, an syne poored the milk throwe.

Mither haed tae polis the siller till it shane like sharn on a hie rig, an then Cook poored the milk inti the cream joug. On gaed the bonniest snaw-fite server claith; the butter biscuits got the dicht an oot cam sum fine buttert scones that she'd juist new made for her mither. Wi a puckle hame-made strawberry jam in a been cheinie dish, an twa-thrie sweet peas in a wee flouer-vawse, the server made a richt lichtsum picter.

Juist wi that, in cums the parlor maid an awa she gaed wi the server tae the drawin reem. Aabodie got on wi thair wirk but they war juist tooterin an fouterin aroun an jumpit evrie time a bell wire wes ruggit or the door opent.

A file efter, back cam the maid wi the server, 'His Lordship enjoyed his tay,' she says—an winnert fit wey ilka ane wes rowin aroun greitin or lauchin intae thair aprons.

GORDON MCFARLANE

A TINT ROOM FUND—WHAIR SCOTT MET IN WI BURNS

The'r a kent story about the yae meetin atween Rabbie Burns an Wattie Scott, at Sciennes Hill Houss, south o Embrae, i the winter o 1786-87. Scott telt the tale forty year aifter, in a letter ti his guidson J. G. Lockhart, o hou at a gaitherin in Professor Adam Fergusson's houss, Burns was taen wi a poem in a print on the waw and speirt at the company: 'wha wrate this poem?' Scott, at saxteen year auld, was the yae bodie at kent and aerned a word frae the poet that he myndit on aw his days.

Lockhart yaised the letter at the stert o his biography o Scott, an the airtist Charles Hardie made it mair famous still wi a pictur o the scene paintit in 1887. But for aw that it's a far-kent tale, the houss itsell isnae kenspeckle. Them that has written about it—in a few historical airticles an the mair big-boukit guides ti Embrae—has aw agreed on the main facts: the houss was biggit in 1741 an dividit inti flats in 1867, the oreiginal front can be seen yet in the back-green o 5, 7, 9 Sciennes Houss Place, and ye cannae tell nou whair in the houss the meetin tuik place. But thae facts is aw wrang. For we dinnae ken whan the houss was biggit. It was dividit inti flats in the eichteen-eichties and the front ye see nou isnae the yin that Burns an Scott kent. This last is mebbe a wee thing o a disappyntment, but dinnae vex yersells, readers o *LALLANS*, for you're gaein ti learn that *we* can tell whair the twae o thaim met.

Sciennes Hill Houss is in Embrae's South Side—a area o Georgian and Victorian tenements rinnin south frae the Auld Toun and chackit in atween the Queen's Park and the Meedies. The houss is yin o the wee kintrae villas that yince covered the area or thae tenements was built. A nummer o thaim stand yet, addin ti the mell o flats an shops, college biggins an pictur housses, kirks an pubs that mak the South Side a leivin pairt o the auld Scottish city o the nostalgic mynd—binnae the 'caurs', that is. Thae kintrae housses hae names the like o 'Hope Park', wi its curly Dutch gavle, that's nou awned by the College, 'The Houss wi the Pear Tree' that's nou a pub an bistro, 'Hermits an Termits', wi its tympan gavle and bonnie carved skewputts, that's nou a architect's office and 'Chaipel Houss' that's nou a mosque. Sciennes Hill Houss is the maist secretive o thaim aw for it disnae face the street (a gey wee back street in onie case) but a back green that ye can only win at throu a pend. By the by, A better learn ye the wey o sayin 'Sciennes'. A map o the area in 1761 gies the soun in its spellin, 'Scheens', and the derivation in its title 'Plan of the Convent of Sienna'—that is, the Dominican nunnery o St Catherine o Sienna. A 'Italian place name in the middle o the Scottish capital'.

The big houss that ye can still pick out frae amang the tenements facin the back green is five windaes wide and three flats high, wi a attic flat in the ruif abuin. Ither writers hae gotten its history aw wrang kis they cam at it frae a literary an no a architectural airt. It was frae be-in a Toun Planner workin wi historic buildins, A kent frae the evidence o ma ain twae een that this front wisnae o the 1740s and that the tenements werenae o the 1860s, an sae A gaed inti the maitter further. The front that we see nou is early-Victorian, o roun about the 1840s, aw buskit out wi fantoosh details in the new-fangilt proprietary stoukie o its day: 'Roman Cement'—and gey teuch it is tae. 'Roman Cement' cam ti the fore wi its yaiss for Osborne Houss, Victoria an Albert's new royal hame on the Isle o Wight stertit in 1845.

It's true that this stoukie detail was a new front on an aulder biggin, but thaim that has gien 1741 as the oreiginal date hae bin bumbased atween Sciennes Hill Houss and anither yin awthegither: Auld Sciennes Houss that stuid twae hunner yairds ti the north, bewast the road nou named 'Sciennes' (tho cried 'the back Sciennes' in local spoken yaiss). It had a muckle gairden whase gate ti the Meedies was datit on three shields as 1741. Shawn on the first Ordnance Survey map o 1852 as 'Sciennes Houss' it's awa by the neist yin in 1877, and Grant's *Auld an New Embrae* gies the date o cawin doun as 1867. This is the springheid o anither story—that Sciennes *Hill* Houss was convertit inti flats in 1867. It was, in fact, the 4th November 1880 whan a John Brown got hissell a warrant frae the city's Dean o Guild Court for ti bigg twae tenements at Sciennes Hill Houss and ither developments follae in the Court's raicords for the rest o the gairdens i the 1880s. Thae dates match the style o the tenements an the evidence o the O.S. maps that shaw a single houss in 1877 an the street as it is nou in 1895.

Whair ither writers hae been richt is in jalousin frae the stappit door at first-flat on the north side that the grund-flat was yince a laich flair, wi sairvant's quarters and kitchens nae dout. The public rooms wad be on the first flat wi thair ain front door won at by a fore-stair. The auld O.S. maps sustain this, shawin a muckle double fore-stair wi a braid entrance platt ti the door, ower a brig maist-like. The auld maps shaw tae, a bonnie gairden ti the south and outhousses ti the wast. Mrs Elizabeth Morrison, whae has bidden in the tenement on the site o thae outhousses sen 1921, cairries the tradeition that the stables were there, and this seems likely frae the auld maps. A guid bit o the auld yaird-dyke can be seen tae, tho it hasnae been recognised or nou. It stands eicht feet high and can be seen forenent the auld front door, alang the wast side o the near-haun 'Jews Cemetery'—the South Side's aye been the hame o Embrae's Jewry—and on the north side o the entrance wynd ti Grange Court, aff Causseyside. Forby follaein the line on the maps, thae waws aw hae the saft purpie an reid stanes that ye see in eichteenth-century rouble-wark in the South Side.

Aw very weill, but whair dis that tale o a 1840s houss leave the Burns-Scott story? Weill, we *can* tell what like the houss was whan it was first biggit. For the'r a copy o a drawin shawin it afore the Victorian chynges, keppit i the National Monuments Record—the favorite howff o architectural raither nor literary historians. It shaws a houss three bays wide—no five like nou—wi a central door at the first flat an a pediment abuin aw. The style is o the first hauf o the eichteenth-century an this faws in wi the feuin o the general area til a James Wyllie, mason, in 1735. The'r a gey unco detail o a wee set-back baith sides o the central facade that sent me back ti the houss yince mair. Shair eneuch, the'r twa set-backs and a rybat wi inband-outband stanes markin the auld east end o a houss o three bays. The houss in the drawin is the maik o auld Sciennes Hill Houss.

The drawin shaws twae muckle windaes in the wast gavle, that ye cannae see nou, for yin o the 1880s tenements is agin it. Whan A speired out the oreiginal o the drawin—in the National Gallery's collection—A fund that thae were important ti the tale. For anaith the drawin wis a grand discovery: a letter datit 1855 by James Fergusson, younger son o the professor whae awned the houss in Burns's day, that the drawin *'faithfully represents my father's house…It was in the apartment of which the 2 windows are seen in the gable that Dugald Stewart introduced the Scottish Poet'*. The history o this sketch can be follaed back til a exhibeition on 8t Mey 1865, by a J. F. Watson, on *'Edinburgh its houses and its noted inhabitants'* whair it is catalogued as a *'original coloured sketch, taken before alterations and enlargement of Professor Adam Fergusson's House'*. Aiblins this suggests a date for the sketch afore 1855, mebbe the same date as anither discovery in the National Gallery, a drawin o a weill-plenished *'Drawin room…where the young Scott and Burns met'*, that can be datit frae the Embrae-style furniture an hingins ti the 1820s or 30s.

This drawin o the inside shaws the same twae windaes, wi a chimney brace atween thaim—as ye'd expect frae the poseition o the windaes an the lums in the ither drawin. In fact the haill layout o this public room isnae muckle different frae that shawn in Hardie's weill-kent paintin o 1887 that's aye thocht a fantasy. But then, as the houss was dividit in 1881, an no 1867 as folk hae thocht, mebbe Hardie had kent the auld room. Certes, folk in the 1880s could hae telt him o it, for the tradeition o the residents theirsells as late as 1961, pyntit ti the self-same room that aw ma darg throu the screivit raicords has won ti. The strength o the leivin word o tradeition!

Ti see the windaes o this tint room, nou fund, gae inti Sciennes Houss Place (enter frae Causseyside aside the Poliss Office) an stan forenent the stair door o No.5. The windaes on the first flat's the yins, richt abuin yer heid, an the yin ti the wast o it. Gin ye gae throu the pend at No. 7, ye can see the Victorian front and a plaque pitten up ti mynd us o the famous meetin. But me an you ken that it's in the wrang place!

ALASTAIR MACKIE

BIGAMIST

Poetry's my second wife.
For oors
I sit wi her ben the room.
I hiv to listen;
she's got a good Scots tongue in my heid.

Oor merriage is a lang scuttery tyauve
on white sheets. Sometimes
she winna come ava. I'm fair deaved
wi the soonless claik o her.
'Listen to this' she'll souch for the umpteenth time.
The neist minute (or day) it's 'Na;
na, I didna mean that ye see.
Whit I mint was…'
God damn't, wumman,
my heid's bizzin
I canna come speed wi my wark.

And you?
Ye'll sit knittin mebbe,
finger nebs like fechtin spiders,
you and your sprauchle o twa quines,
glowerin at the TV.
My exilt faimly i the livin room.

And me?
I'm cairryin on wi anither quine;
a limmer, a jaud, a
bletherin bitch.
When your heid keeks roon the door
and ye say, 'Suppertime'
ye gie a bit sklent at the sheets
whaur she's lyin, and I see on your mou
a bit smile, jist that bit look
that says:
                    MY shot nou!

IN THE CLEUCH

Up abune the polar skail-winds keen. Still-an-on in this cleuch we hae silence eneuch to our tastes. We arena allooed to spik and whit we see o ane anither is nae mair nor the slit o a mou. Yet I hae friens. I faa to studyin i the lowe o the sticks the mirk craters o their gabs when they yaawn, the whites o their teeth skimmerin. Aa the same I can think; they canna forbid us that. Och ay, thochts we div hae. But a word, ae word, wad mind us o oursels.

In my time I hae haed the privilege o meetin mony mous, ilk ane different. I canna see ony here I can cry kenspeckle. Sic like is our weird and portion. Yet I hae friens. I can say withoot a word o a lee that I'm nae flegged ava at the elba-room I hae here for infinite silence. For the fact is raither, it is a witness to our common crime o haein spoken aince. Ay, there is some comfort in the waulin o the wind that never devalls.

Forby, there's nae beast or bird ava in this hole. It is, aince mair, nae permittit. Gin a bird, a hoodie or a whaup say, alichtit amon this crap o stanes, I think I wad ettle to open my mou, mebbe jist a bit grunt or even a word or twa, ye never ken; onything ava to mind me that aince on a time I haed a tongue in my heid. Ay, or a rabbit thrawin its life awa aneth the lowpin heuch o the whittret. Nae flaff o a bird onywhaur. And nae trees either. Jist scrog and scruntit bushes and winnlestraes. Here and there whiles, gin we're lucky, a shargert bit airm o a tree fae the time there were trees. Gin there were trees. Nae gress either. Aathing green has haed the fushion soukit out o't wi this wind. Nae sun nor moon, jist a kinna gloamin that never skails. Day-daw or day-set, it's aa the same here.

There maun aye be kinnlin for the fire; gaitherin whit we can, backs boued to scran the stour, feelin wi our fingers the touch o a tussock, or a divot o withert gress. Sun. I can mind on the sun and the corries that gaed up and doun to the sky-line. And there was nae a drap watter in the burns in midsimmer. Jist a causey o bleacht stanes.

Afore, I didna gie a docken for siclike concerns. Nou whiles, jist to recaa them is eneuch to mind me that beasts that canna look afore or ahint hinna ony doomster.

I could dae nae ither, aifter I did whit I haed to dae. I spik nou o my suicide. This has gien me a kinna tranquillity as is aften the road wi fowk deein in their beds say, o auld age or fae some ailment or ither. (My mither I can think o.) Fae sic stravaigins aa airts amang the

97

scaurs and cleuch o this beyont, waggin my heid jist like a dummy at ony man I faa in wi, oot o neeborliness like, for mirk days on end and never meetin anither man on the haik like mysel, I can offer some hindsicht into my condition. I canna of course be sure o onything; still it is wi the hindsicht o the deid that gars me touch on twa three maitters.

In life I was fause. Here I'm naebodie byordinar, nae ferlie ava, nor the spik o this toomness. We ken the fabulous is real. It needs its heroes. It wales in the same wey jist like history, its scapegoats, them that haed to pey the blood-wyte. Them that opened the yett, them that spak the lee, and in my ain case, them that killit wi a kiss.

We dinna ken oursels. And gin we did, it wad be nae use. I'm nae an evil man. Hou syne could I ken I was the instrument o the doomster? I strade aboot in the mirk wi my een open like a body waalkin in their sleep, caaed on by a force that was equal to whit egged him on. And to yon doomed birl we were thirled like the planets. The tane haed need o the tither, tho nane o the twa o's kent.

I can see nou wi the dry licht o the beyont, like a spae-man, the untholeable haud o the miraculous warkin throu us baith; the siller, the steer and oncairry i the upper chaumer at the brakkin o breid, the kiss I gied him. And the tree i the lanely orchard. Aa this kinna thing I look on as mere whim-whams in the haill hypothec, permittit on the plane o the fabulous that dabs sic details wi an immortal local colour.

At the hinner end, aifter whit happened on the hillock, I couldna jalouse, and still canna, whether the hert-scaud I tholed was a sign that—hou can I pit it?—lowsed fae the back-birn o the miraculous I was permittit to suffer jist like ony ither man wi a conscience that haed kisst his frien to death and hanged himsel at the thocht o't. Or that to the course end o it aa I haed to thole my assize as ane o the chosen and that my doomin was forekent. And that in his will was my end and beginnin. This kittle question, I confess, maun for ever remain insoluble.

It's o nae consequence here, whaur naebody gin he could spik, wad spik in terms o wyte or innocence. Yet as I hae said afore, I hae friens here. We need ane anither. And we hae a notion o this by the wey we mak room for ony nichtit traiveller, sittin shouther to shouther roond the bleeze o sticks, and forby, by the fact that nane o us can gar that need open its mou. To that extent, in a wey, we are like the beasts that seek the society o their ain kind. And whit a hert-heeze and solace in their yaawns as their mous gant, makkin maiks oot o darkness!

A D MACKIE

FRAE ITHER LEIDS

Scots that ken their Lallans, sib til the hauf o Europe and chief wi maist o the lave, are fecklie guid at lairnin fremmit leids (Suthron amang them) and monie o us hae shawn oursells braw hands at owresettin warks frae orra tongues. Whan Lallans wes brairdin frae the auld Inglis o the Northumbrian and Lothian Angles and gethrin knockdarlies frae Latin, French, Flemish and the Scandinavian leids, our makars war eydent kaimin the lear o thae lands for the ruits o their bardrie, and a wheen o our auld beuks, frae the twal hunders forrit, war pairtlie owresets—the feck o them frae Norman French. Tam Rhymour o Erceldoune (Earlston, Berwickshire), maist like, brocht his *Sir Tristrem* (the tale o Tristan and Isolde) frae French, and his style o rhyme gied rise til some o our Lallans modes wi their bobwheel whigmaleeries siccan as Burns tuik owre frae *Christ's Kirk on the Green*. Here is a shave aff *Sir Tristrem* that I hae brocht up to date in the spellin, as some o the auld letters mak sair readin for us the-day:

> Shafts that gan shak
> And risen shieldies bricht;
> Crouns that gan crack
> Monie. I ween, in plicht,
> Sans fail,
> Between the nune and the nicht
> Lastit the battail.

Syne cam Hucheown o the Awle Ryale, thocht to be Sir Hugh o Eglinton. He scrievit in the alliterative style on the aunters o Arthur and his knichts, and thir stories he brocht owre frae French.

Houever, aa thir makars in the middle ages dibbelt Scots worthies, weys o daein and naitral backgrund intil their owresets, sae that they are amaist caller warks in Lallans. Here is a sprig frae *The Awntyre of Arthure*, and aince mair, the spellin is brocht mair intil the style o our ain day:

> On the chief o the chow
> A taid pickit on her powe;
> Her een were howkit fou howe,
> Glawan like gleeds.

Efterhint cam the unkent scriever o *The Taill o Rauf Coilzear*, first prentit in 1572, anent a coalminer that gied bield til Charlemagne, no kennin wha the king wes. It is a foretaste o the tale o Jock Howieson and the Guidman o Ballengeich and, for aa it is taen frae French, its collier is richt Scots, and that gangs for the backgrund as weill. The same can be said o *Cockelbie's Soo* colleckit in the fifteen hunders.

Even mair, Robert Henryson, cairrian owre Aesop's wee beastie fables intil Lallans in the fowerteen hunders, made them Scots frae stert to finish, and his warks, tho aiblins based on owresets, are caller bardrie frae his ain ingyne. Aince mair I hae to gie my ain spellin til his *Gib Hunter (Cheetie Bawdrons)*, playin wi the puir, saikless, landwart mous that has been brocht til the hous by her toun kizzen:

> Frae fuit to fuit he cuist her tae and frae,
> Whiles up, whiles doun, as cant as onie kid;
> Whiles wad he lat her rin under the strae,
> Whiles wad he wink, and play wi her buikheid [body].
> Thus to the sillie mous great pain he did,
> Till at the last, throu fortune and guid hap,
> Betwix a burde [table] and the waa she crap.

My rael reason for chyngin the spellin is that Lallans users o the-day like to read thir auld poems in their ain wey o speakin. I ken that I dae!

Maist byordnar o aa auld owresetters wes Gavin Douglas, atween the fowerteen and fifteen hunders. Ezra Pound in our ain time has gien muckle praise ti Douglas's *Aeneid*. Douglas, bi the by, wes the loun that first caad Lallans 'Scots'. Afore that it wes kent as 'Inglis', but nae dout it stack in the thrapple o the Scots o thae days to caa their leid that, whan they war fechtin agane the Suthrons the feck o the time. Douglas maks the fowk in the Latin poem gey like Scots and he dibbels in his ain 'prologues' that are aa about the naitral backgrund o Scotland and gie us a foretaste o Burns at his best in descryvin our seasons in Lallans. Here is Douglas on the winter scene, and I hinna cheyged the spellin:

> Soure bittir bubbis, and the showris snell,
> Semyt on the sward ane similitude o hell...

Tak tent o that word 'snell', ane that we still uise, maist o aa in Edinburgh, whaur it juist fits our cauld winds!

But it wesna juist in bardrie that Lallans wes brocht out in owresets as weill as caller screeds. John Bellenden, Archdeacon o Moray, in the fifteen hunders, owreset Hector Boece's Latin historie o Scotland (our makars war as muckle at hame in Latin as in their ain tongue). Anither wark, *The Complaynt o Scotland*, is pairtlie frae French (Alan Chartier's *Quadrilogue Invectif*), but adaptit til the Scots backgrund. Here is a swatch in my ain spellin:

> The green fields for great drouth drank up the draps o the fresh dew, whilk before had made dykes and dales vera dank. There-efter I heard the rumour of ramash fouls [the noise o flockin birds] and of beasts that made great birr, whilk passed beside burns and bogs on green banks to seek their sustentatain.

It wes a Scot, Sir Tam Urquhart, that owreset Rabelais inti a Suthron muckle enrichit bi Lallans. Nearer til our ain day, Sir Walter Scott begood his bardrie wi gey free owresets frae the German o Börger, Goethe and the Swiss, Albert Tchudi, and Tam Carlyle, tae, wes eydent at owresettin frae German.

In our ain time, Edwin and Willa Muir wrocht some grand owresets frae German intil Suthron, sic as *Jew Sus* by Leon Feuchtwanger, and C K Moncrieff owreset Proust's lang wark as weill as the auld Suthron *Beowulf* (whilk Edwin Morgan has nou wrocht in Lallans). The maist thrang o the Scots owresetters in our ain day hae been George Campbell Hay (he kens a rowth o fremmit leids, and scrieves in Gaelic, Lallans and Suthron), Sir Alexander Gray (*Heine in Scots* and verses frae Scandinavian leids), Robert Garioch (Italian, and guid kens aa what!—and a braw Lallans version o *The Traivler* frae Anglo-Saxon) and Edwin Morgan (wha kens Russian).

Owresets frae Gaelic are maist to be socht the-day. James MacPherson's *Ossian*, in the seivinteen hunders, wes based on auld sangs and rhymes (see Derick Thomson for the richt facks), and, tho they warna aa that true til their ruits, they stertit some uissfu delvin. J. F. Campbell o Islay, J. L. Campbell o Canna, W. J. Watson, J. Carmichael Watson, Neil Ross and ither scholars hae gien us a better insicht intil our Gaelic heritage. Douglas Young owreset the Gaelic poems o Sorley Maclean intil Lallans, but Iain Crichton Smith has duin the best owresets o Maclean—inti Suthron!

A Lallans owreset ye soud aa hae a guid leuk at is *The New Testament in Braid Scots* by the Rev. William Wye Smith (Paisley, Alexander Gardner, 1924) wi siccan passages as:

> Jesus said til him, 'Are ye lookin at thae great biggins? Thar sanna be left

ae stane on anither that shanna be whamml't owre! (*Mark* XIII, 2)

But he, kennin their thochts, said to them, 'Ilka kingdom set again itsel, is made waste; and a hoose set again a hoose, fa's.' (*Luke* XI, 17)

Than the sodgers, whan they had crucify't Jesus, took his cleedin, and made it a' intil fowr pairts, to ilka ane, ane—and his inner coat as weel. Noo the inner coat wes wantin ony seam; a' wrocht in ae piece frae the tap doon.
    They said ane til anither, 'Lat us no rive it, but cast lots for't, whase it sal be!' Sae wes fulfilled the Scriptur, that said, 'They pairtit my garments for theirsels, and on my cleedin cuist they lots.'
    Thae vera things the sodgers did. (*John* XX, 23, 24)

I hinna chynged his spellin, as it is mair or less that o our ain day, tho he disna stick til his ain rules. An Episcopalian minister (an auld Suthron at that) wes that taen wi this owreset, that he had me readin it at ane o his services. I dinna think the bishop kent!

ANGUS

(Frae the Modern Greek o K. Karytlokes, *To Mikhalio ton pirane stratioti*)

They cairried Angus aff to be a sodger.
He mairched awa wi gallus stride, quite cheerie,
Alang wi Wullie Sandilands and Roger.
He never learnt to slope, but had them lauchin.
'Man, Corporal,' he mumpit, dowf and drearie,
'Lat me gang back again til my ain clachan!'

Neist year he spent in hospital, fair streekit.
He couldna speak, but intil space kept starin:
At some spot hyne-awa, he constant keekit,
Hameseik, and peyed nae heed to that clanjamfray,
As gin he pleadit, greinin and despairin:
'Ach! lat me juist gang back til whaur I cam frae!'

Sae it gaed on, and Angus dee'd a sodger.
He wan a send-aff frae a squad o swaddies,
Amang them Wullie Sandilands and Roger.

They fillt the hole in owre him—but nae maitter!
They left ae fuit stuck out, the careless laddies:
Angus wes aye a gey lang streak, puir craitur!

THE EIDENT EE

Aathing gangs in circles and auld argie-bargies hae a wey o croppin
up again, like the ane that has brairdit anew in America, a land that
can be as auld-farrand as it wad be vangaird. This is the threip o mair
nor a hunder year syne, stertit by Charles Darwin, that, insteid o God
makin the warld and aa the craiturs intil't in sax days, wi a brek on
the Sabbath, we war aa brocht aboot by the kittle whims o naitral
chynge, and the walin o mates, owre millions o years.

A wee lad cam hame frae the schule and spiert at his mither: 'Is it
richt what the teacher says, that we are descendit frae puggies?' Said
his mither: 'I canna tell ye, son: I wes never that acquant wi your
faither's fowk.' They war steerin times whan the bishops lowpit aff
their hunkers and breenged intil a guid-gaun collieshangie wi T.H.
Huxley anent the *Descent o Man*.

Lang efterhint, the feck o us war still haudin by the Guid Buik,
that on the fift day God shapit the muckle whales, and ilka leivin
craitur that the waters brocht furth in fouth, efter their kynd, syne the
creepin craiturs and the beasts o the yirth and the kye, and, at the
hinder end, man, efter God's ain likeness, frae the stour o the grund,
fuffin intil his lichts the braith o life and makin him a leivin sowl.

I wes nearhaund twal year auld afore I fand picturs o hairie chiels
that war thocht to be our forebeirs, wi nae claes on and gey like big
puggies but no sae weill-faurd. Ye will mynd hou Bostock's Traivellin
Menagerie, gaun north the bit ayont the Grampians, had a daith on
their haunds—a gorilla that gied up the ghaist, gin gorillas hae siccan
things. They war in a swither what to dae wi the tramort, but, crossin
a muir, they juist cowpit it intil a sheuch and gaed their gait. By cam a
gamie and a gillie and fand the corp in the syke. Said the keeper til the
gillie: 'Nou I wonder wha that can be. He's nae hairie eneuch for ane
o the MacConnachies and he's nae black eneuch for a MacPhee. Tell
ye what, Donald: tak a dauner up til the hotel and spier gin onie o the
English veesitors is missin.'

Darwin wesna the first to jalouse we war kezzens til the puggies.
There war Greeks that had a hint o't and the Frenchmen, Buffon and
Lamarck; and Lord Monboddo in Auld Reekie wes shair we war aa

born wi tails that the howdies nickit aff or oniebodie coud clap een on them. Furthermair, Dean Swift saw us as Yahoos and gied a braid hint that the onlie craiturs wi mense war the horse.

The bit that bothers me is, at whatna fower-weys, in time or space, thocht cam intil the warld, juist hou or whan the gramphs, skriechs and sowfs o the puggies turnt intil words that coud be linkit thegither to mak thocht. Genesis tells us it wes there at the stert, sittin on chaos like a clockin hen aa set to cleck the haill o us, wi the harns in our heids and the words in our mous. 'In the beginning wes the word...'

Ane o the Scots kings, the Jamies (wes it the wycest fuil in Christendom?), had twa bairns pitten on til Inchkeith and left to growe up in the chairge o a deif an dumb couple, sae that they wadna hear onie leivin tung spoken. By this means, the king ettelt to finnd whatna leid wes naitral til man—in short, the speak o Paradise. A while efterhint, whan the bairns war big eneuch, he gaed owre til the island and spiert at them. He assertit that they spak guid Hebrew.

The Hieland bards said Eden wes *an uair bha Gaidhlig aig na h-eoin* (the time the birds had the Gaelic) and that the first words spoken by Adam til Eve war *Ciamar tha sibh an diugh?* (hou are ye the-day?) Aiblins the birds coudna speak ava, binna the budgies and the papingays, but ane o the creepin craiturs had the gift o the gab—the ethart that turnt Eve's heid and gart her chowe the aipple.

The Guid Buik tells us plain eneuch hou words cam intil the warld. Frae the grund, God wrocht ilka beast o the field and ilka bird o the lift and brocht them til Adam to see what he wad cry them, and whatever Adam cried ilka leivin craitur, that wes the name til't. And sae it baid until some muckle sumphs ettelt biggin the Touer o babel, whan aa the words war jurmummelt, whilk is what-wey a cou in Scots means a cauf's mither, while in Gaelic, it means a dug.

ROBERT McLELLAN

THE TRAP

Linmill was a fruit ferm, and grew maistly strawberries, but my grandfaither believed in giein auld strawberry grun a rest, and wad whiles plew up a field or twa and pit it into tatties, and syne into corn or neeps, and syne into hey, and whan he had mair hey nor he needit for the horses and the hoose cou, he wad buy in some young beasts to bring on. Sae whiles there wad be a winter wi the byre fou, and whan that happent, the byre beyler-hoose was a grand place to sit on a cauld efternuin, for, in thae days, neeps were beylt and fed to the beasts in the trochs aneth their hey racks, and baith the beyler fires wad be gaun, and wi the warmth o them, and their lowe in the hauf daurk, and the smell o the beylin neeps, the place was gey hamely.

I uised to hae grand cracks wi my cuisins at the beyler-hoose fires, aboot the queer weys o the daft men, and sic-like maitters. But the ae efternuin I hae in mind nou, the crack had gotten on to poachers. The Kirkfieldbank colliers were the warst poachers, my cuisin Jockie said, for they didna juist gang for hares and rabbits. They gaed efter phaisants, and that was a serious maitter, for the fermers themsells were forbidden to shoot phaisants on their ain grun. The colliers didna shoot the phaisants, my cuisin said, but chokit them wi dried peas.

Nou that was an unco thing, and we had to be telt aa aboot it; hou the colliers bored a hole in ilka pea wi a needle, syne cut the hairs aff a pig's back, and poued a hair throu ilka hole, and whan they had gotten a haill jaur o peas threidit wi pig's hairs, they sawed them in the orchards, whaur the phaisants were kent to feed, and in the mornin the phaisants were fund deid. The pigs hairs in the peas had chokit them. My cuisin Bob said he wad like to try that, and the twa began to woner whaur they coud fin a pig. There were nae pigs at Linmill. The ae pig they coud think o belangt to Muir at the Lesmahagow road-end, and they didna ken hou they micht win at it to cut the hairs aff its back. They were tryin to get me to ask young Fred Jubb to tak us up to see the pig, for Muir was young Fred's uncle, whan my grandfaither cam in frae the byre and telt them to rin awa hame to Linville for their tea. They lookit gey putten oot, for it was snawin ootby, and gey cauld, and Linville was a gey wey awa, and they were ettlin to be askit to bide and hae their tea at Linmill. I felt gey sorry for them whan they had to rise and gang awa.

As suin as they had gane, my grandfaither cam in frae the byre again wi a wheen sticks o beech-wuid that had been split frae a log. He had some taurrie twine, tae, in a big baa, and whan he sat doun in the sait that Jockie had left, he took oot his big gullie.

'I had to send them awa,' he said, 'for I dinna want that Jockie ane to ken what I'm daein.'

'What is it ye're daein, granfaither?'

'I'm makin pegs for the traps!'

'Traps?'

'Ay. I'm gaun to trap the Linmill mairches the morn. There are faur ower mony rabbits aboot, and they hairm the young strawberry plants, scrapin the crouns oot o the grun.'

'Ye're gaun to trap rabbits?'

'Ay.'

'And what wey dae ye no want Jockie to ken?'

'The less that young deil kens the better. Gin he kent I had traps set he wad be oot afore me lookin throu them aa.'

'To steal the rabbits?'

'Na, na, juist to fin them afore me. He canna keep his neb oot o a thing.'

'What are the pegs for?'

'To keep the rabbits frae draggin the traps awa. There's a chain on ilka trap, and the chain's tied to a peg, and the peg's driven into the grun.'

'Can I see a trap?'

'No the nou. I want to hae the pegs cut afore it's time to feed the beasts their neeps.'

'Will ye show me a trap later on?'

'It'll be yer tea-time by then. I tell ye what, I'll show ye the trap in the mornin afore I tak them oot to the mairches.'

'Grandfaither?'

'Ay?'

'Can I no come wi ye to the trappin?'

'Speir at yer grannie,' he said. He aye said that to try to get quat o me, but I didna gang yet, for I wantit to see him makin the pegs. He shairpent ilka stick to a peynt, syne cut a notch aa roun the ither end, and tied a length o taurrie twine to the notch. He warkit till he had made a dizzen, syne said it was time to feed the beasts. The smell o the neeps whan they were putten into the trochs aye made me hungry, and I was gled whan we gaed inby for oor tea. I speired at my grannie aboot the trappin.

'Ye canna gang if it's snawin.'

'Can I gang it it's no snawin?'

'What daes yer grandfaither say?'

'The laddie can come if he likes. He'll be company for me.'

'Dinna let him haunle the traps, then! He micht get his fingers catchit.'

'Dinna fash!'

As suin as I waukent in the mornin I rase and lookit oot o the winnock. The haill close was thick wi snaw, but there was nane faain, and I kiltit up my goun and did a dance. Efter breakfast, I followed my grandfaither into the barn. He took the traps aff a cleik on the barn waa, and we gaed into the byre and sat doun at the winnock. Aa the auld pegs on the traps were rotten, and sae was the twine that held them to the trap chains. He stertit to tak the auld pegs aff, and I stertit speirin, and afore lang he had to stop his wark to show me hou a trap was set.

Ye pat yer fuit on the lang spring aside the chain, and pressed it doun, and the jaws o the trap opent till they were lyin flat, and the square airn plate that lay atween them was catchit in a notch. Whan a rabbit stuid on the airn plate the notch flew back, and the spring lowpit up and brocht the jaws ticht thegither, and the rabbit was catchit by the legs. It was gey hard on the puir things, my grandfaither said, but he coudna hae rabbits speylin the strawberry plants, and there was nae ither wey o gettin redd o them save by uisin ferrets, and ye coudna uise ferrets if their holes werena on yer grun. I had seen a ferret aince, in a hutch and whan I had putten oot my haund to gie it a wee clap it had tried to bite me, and gin I had been a rabbit, I wad hae thocht ferrets waur nor traps. But by and by, he had aa the new pegs tied on, and we were oot on the mairches, weill rowed up in tap-coats and mufflers, lookin for places in the hedge whaur the rabbits cam throu. We fand ae place efter anither, and my grandfaither set the traps. He said ye had to be carefu to cover them up, sae that naething was seen o them, or the rabbits wadna gang near. There was nae snaw aneth the hedges, and he laid the traps amang mouls and withert leaves, and whan they were set he drew some leaves ower the jaws, and some mouls ower the airn plate, and gey cannilie he gaed aboot it, for fear he wad touch the airn plate and set the spring aff.

He said anither thing ye had to mind, was whaur ye set the traps, sae that ye coud fin them again, and aye afore he left ane, he lookit aa roun to fin some mark, like an ash plant in the hedge amang the thorns, mebbe, or a big stane by the ditch, or mebbe juist the distance frae a yett. Whan the dizzen traps were set, we had haurdly covert the mairch wi Tam o Law's, and my grandfaither said he wad hae to get mair traps or the job wad tak aa winter.

The snaw cam on again whan we were gaun inby for oor denner, and it snawed sae hard aa efternuin that he telt my grannie at tea-time that he was shair the roads wad need clearin in the mornin, if there were to be ony vans wi butcher-meat or breid.

Whan I rase in the mornin he was oot and awa, and I was sair disjaskit, for I had wantit to gang roun and look the traps. The snaw had gane aff, sae I was alloued oot to play, tho I was telt to be shair and no wade ower the buit heids. I gaed aboot the closs for a while, tho wi aabody awa it was gey dreich. I gaed into the stable and had a look at the twa horses that werena oot, syne I gaed into the byre and watchit the beasts munchin their hey, syne I gaed into the beyler-hoose. The fires hadna been lichtit yet, and it was gey daurk and cauld. In a wee while I had slippit oot the closs mou. I coudna keep my mind aff the traps. My granfaither had said the day afore that he wad be lookin them first thing in the mornin, but I thocht that mebbe wi the roads needin clearin he had forgotten them, and if there were ony rabbits catchit they wad still be lyin oot.

But coud I mind whaur the traps had been set? I gaed to ae place efter anither, feelin shair that I had been there the day afore, but ae ash plant was juist like anither, and sae were the stanes dug up oot o the ditch at the hedge fuit, and it was my grandfaither, and no me, that had meisurt aa the distances frae yetts; and nae suiner had I gane forrit to a place whaur I was shair there was a trap than I fand I was wrang, for deil a trap coud I fin. They had been ower weill hidden. But in the end, I fand the last trap we had set, ane at the heid o the tap park at the faur end frae the Lesmahagow road. It was easier to fin nor the ithers, mebbe, because it was lyin juist whaur a hedge atween twa o Tam o Law's parks met the mairch wi Linmill. But it wasna juist that aither. It hadna been hidden weill. There were nae leaves ower the jaws, nor mouls ower the wee airn plate.

I sat on my hunkers weill in by the hedge, thinkin that shairly if there had been a rabbit in ony o the traps I wad hae seen it, and I coud haurdly believe that my grandfaither had duin aa his wark for naething. Ae thing was shair, he had haen nae chance o catchin a rabbit in the last trap, it was plain to see.

I wonert if I coud try to hide it better, but I had seen hou cannie my grandfaither was, whan he was coverin them up, and I kent it was a gey kittle maitter. Shairly tho, I coud drap a wheen withert leaves ower the jaws withoot pittin my fingers near them. I gaed alang the hedge and gethert some, tho they were gey near into mouls wi the winter sae faur on, and ill to fin, but afore lang I had gethert aa I needit, and drappit them ower the trap frae weill abuin it. They fell doun on it lichtly, and gey near covert it, but no juist to my likin. You coud still see ane o the jaws stickin up, and hauf o the wee airn plate. I pat doun my haund and warkit some o the leaves ower the ae jaw that was still showin, and managed to hide it at last. Nou for the airn plate. I had to pit my fingers inside the jaws to win at the mouls on it, but I thocht that if I was licht wi my touch, and juist gied the mouls a wee bit tig and drew my haund awa like lichtnin, I wad be safe eneuch.

I was wrang. I had to lean forrit a wee to rax ower to the trap, and I lost my balance. My haund gaed doun on the airn plate wi aa my wecht abuin it. The jaws lowpit up and fastent on fower o my fingers, juist ablow the knuckles. I had been scaudit aince, whan a pan o saut fish had faaen aff the Linmill range, and the pain in my haund was juist like that scaud. And no juist my haund. I coud feel it in my breist tae, and in ae side o my neck. It was mair nor I coud thole, and I grat oot lood.

I dinna ken hou lang I grat, doun on my knees, leanin on the haund that wasna catchit, and juist wishin I coud dee. I cried for my grandfaither, ower and ower again, syne I cried for my grannie, and in the end I was cryin for my minnie, tho she was awa in Hamilton wi my daddie.

Nae help cam, and the pain grew waur, and I kent I wad hae to dae something by mysell. I thocht I coud mebbe get my fuit on the spring and lowse the jaws, but I coudna staun up, and tho I managed to get my fuit on the spring I coud pit nae wecht on it. Then I thocht o tryin to pou the peg oot o the grun, but I had juist ae haund, and it wasna eneuch. I began to see that if naebody cam I wad be there till it grew daurk. I tried to lift the trap aff the grun sae that I could turn roun, but the wecht o the trap made the pain waur, and I had to pit it doun afore I had managed to move.

I tried turnin my heid and lookin ower my shouther, and for a wee while I had a view o the hallie ablow me, wi Linmill lyin in the middle. I coud juist see the snaw-covert ruifs, and the back waa o the cairt shed. The closs mou was on the side o the steidin, juist oot o sicht, and the hoose was at the faur end, facin the ither wey. It wasna likely that onyane no lookin for me wad come in sicht, and I didna feel I coud yell muckle langer. I had to stop lookin, for the twistin o my heid threw me oot o balance, and I coud feel my wecht gaun ower on my sair haund.

I sat an grat again, and began to woner whan they wad miss me. Shairly by tea-time, whan my grandfaither cam back wi the snaw-plew. But I wadna see the plew comin back, wi the closs-mou oot o sicht, sae that was smaa comfort. An whan they did miss me they wadna ken whaur to look, for I hadna said whaur I was gaun. I began to feel shair I wad be oot aa nicht, and wad dee o cauld and stervation, and I gat into a panic and roared like a bul, but naebody heard me, for I gied a pou at the trap and managed to turn hauf roun, and aa I coud see was the white snaw and the blank waa o the back o the steidin.

My pain gat sae bad wi the pouin at the trap that I had to gie up roarin and juist sit and thole.

I heard a terrible squeal then and lookit alang the hedge, and saw something movin. It was a rabbit, catchit in anither o the traps. I stertit to greit again, into mysell. Then I heard my grandfaither caain my name. He was faurer alang the hedge, comin my wey. I answert him and he saw me, and cam rinnin forrit. In a wee while, he had putten his fuit on the spring and opent the trap jaws, and I drew my haund oot. When I saw it I gey near fentit. Whaur the teeth o the trap had grippit my fingers they were juist aboot cut in twa. The skin wasna broken, tho, but it was crushed richt into the bane, and the teeth marks were blae. The ends o my fingers were like talla. My grandfaither liftit me and pat my heid on his breist and cairrit me awa doun hame.

He said no a word aboot me gaun to look the traps. Naither did my grannie, but she yokit on to my grandfaither for lettin me gang wi him whan he set them, and caaed him a sumph and a gommeril and aa that was stippit, till he lost his temper wi her and telt her to shut her gub. I didna want ony tea, and my grannie pat me to my bed. They gaed on flytin at ane anither aa throu tea-time, till I wished wi aa my hairt they wad stop.

Then I mindit.

'Grandfaither?'

'Ay, son, what is it?'

'There's a rabbit in a trap, grandfaither. It was squealin.'

'Whaur?'

'Alang the hedge frae whaur ye fand me.'

'Ay weill, I'll get it in the mornin. Gang to sleep, if ye can.'

'Grandfaither?'

'What is it nou?'

'The rabbit was squealin, grandfaither. I wish ye wad gang and let it oot o the trap.'

'There wad be nae peynt in lettin it gang, son. It's legs'll be hurt.'

My grannie gaed for him.

'Then for guidness' sake awa and pit it oot o its misery! He winna sleep a wink till ye dae.'

My grandfaither rase withoot a word and gaed awa oot again, and I lay and tholed my pain till he came back.

'Did ye kill it grandfaither?'

'I had to, son. It wad juist hae deeit gin I had let it gang.'

I lay and grat for a while, into mysell, and my grannie and

grandfaither sat in their chairs by the fire, as still as daith, no sayin a word.

I maun hae drappit aff to sleep in the end, and in the mornin I coud haurdly feel my sair haund, tho the marks were still there, and bade there for weeks; and I neir heard as muckle as a mention o rabbits for the rest o that holiday.

JOHN MANSON

ANTARCTIC STANES

Frae the Spanish o Pablo Neruda (1904-1973)

Aathing ends there
and disna end:
aathing sterts there:
rivers and ice pairt,
air is merried til snaw,
there ir nae streets nor horses
and anerlie yae biggin
and biggit o stane.
Naebodie lives i the castel
nor the lost sauls
that the cauld and the cauld wund
frichtened:
there's anerlie the laneliness o the warld,
and sae the stane
becam music,
lifted its thin heichts,
raised itsel til cown or sing
but it bade quaet.
The wund alane,
the whup
o the South Pole that whistles,
the white void alane
and a soun o rain burds
roundabout the castel o laneliness.

JEAN MASSIE

BOOTS CORNER

Boots Corner, whar fowk hae trysted
for monie a lang year.
An auld wifie in a white cardie
rests her message bag an swalled ankles
for a wee while. Waitin on her freen
in the simmer sun.
Tut-tuttin
at the sicht o torn breeks;
shaved heids;
Doc Martens wi aathing,
short skirts,
lang skirts,
nae skirts.

Bonnie flouer-beds fyled wi
Coke cans,
lager cans,
crisp packets.
The thrawawa age, an nae mistak.

Watchin thae hauflins in their
daftness, disapproval wes melled
wi a kind o bane
that there had been nae place
in her young life for excess
o onie kind.
Her white cardie-cled
freen plonked hersell doun on the sait,
whar they cracked a while aboot the day's
bergains an sic-like blethers.
Makin their wey tae the bus-stop,
roun aboot them the cockie-dandies
breenged and skraiched
wi nae thocht o whit their eild
micht bring.

WILLIAM MONTGOMERIE

MA FAITHER

Oors efter the schuil skails
ma faither walks in at the tap o the street
aye frae the same tramcaur frae the toon

in ae haun his tinned piece-box
in it his tea-an-sugar tin rattlin
an whiles his last piece
bramble-jeely oozin throu the yeast-holes
flavoured frae the newspaper wrappins

Walkin hame bi his side
A eat the piece

He races me up six flichts tae the door
cawin doon tae me
'Some day sonny you'll win'

At high-tea he talks aboot the day
an his fella-journeymen
an the problems o pastin patches
on patterned wa-paper roon a gas-bracket
an hoo tae draw an ellipse on a ceilin
learnin us trade secrets as
hoo tae lock a door wi nae key
hoo tae clean paper wi white breid

singin whiles an Irish folksang

He inventit a new lock wi a hinged key
unlike ony key A've ever seen
makin the hoose-door burglar-proof
no that there's muckle worth stealin

Efter tea
he apens a flat parcel frae his pootch
an lays three scraps o papier-mâché
on the bare kitchen table

In a bowle he sturs floor an watter
trims the three grey scraps
wi lang paper-hingers' shears

He pastes the embossed symbols
eidently on the flat stane
ablow the mantelpiece

Yin
an anchor wi chain
is Faith
twa
a blinfauld face
is Hope
three
a bird staunin on her nest
feedin her chuckens frae her ain flesh
the Pelican
is Charity

Faither
waitin ae day
till the paste is dry
paints the hale mantelpiece white

The three symbols
embossed on the flat surface
become yin wi the stane mantelpiece

Mony years later
A clam the same stair
five flichts
tae the tap staircase winnock
apened it
tae luik doon on the backgreen
whaur A aince played as a wean

Oor auld hoose-door
wi a different nameplate
apened
an an auld wife luikit doon

114

'A wis boarn in that hoose' A said
hopin A micht be invitit in
an luik at the mantelpiece

'That wis a lang time syne'
said the auld wife
an slammed oor hoose-door
shut.

(Parkheid Cross, Glesca)

EDWIN MORGAN

WIND IN THE CRESCENT

Vento sulla mezzaluna
Frae the Italian o Eugenio Montale, Edinburgh, 1948

The muckle brig didna gang your wey.
Gin ye'd 've gien the word, I'd have won throu
to ye by navigatin stanks and syvers. But
aa my virr, wi thon sun on the winnocks
o the verandas, wis seepin slawly awa.

A birkie that wis preachin on the Crescent
speirit at me: 'D'ye ken whaur Gode is?' I kent
and tellt him. He shook his heid. I saw nae mair
o him in the wud wind that skelpit hooses and fowk
and gart them flee abuin the taurry daurk.

KEN MORRICE

DOMICILIARY VISIT

'Dr Watt spiered at you to call, did he?
Weel, jist you cum awa ben.
My man's no in yet, as you can see.
Fit did you say your name wis again?
A psychiatrist! Michtie me,
I thocht it wis the insurance mannie.

O, you maun forgie my menners.
Sit you doon, I'll pit aff the TV,
and get the money. My man's denner's
still tae mak. But dearie me, I maun be
gaun gyte! You're no the insurance man,
are you? Fit wey hiv you come tae see me?

I ken I'm wearin aul, but I'm nae saft.
No me! A wis tap o the class for soums
and best in the schuil at needle-craft.
Some quines are aathegither thooms,
but I wis aye skeely and the teacher's pet.
Psychiatrist you say? You didna surely think

I'm daft? I canna mind the date or foo mony
years I wis mairrit. The Prime Minister?
That wid be Mister Churchill. Na, na,
that's nae richt either. Is it Mister
Wilson? O laddie, it's nae eese ava.
Since my man's deid I dinna read ony

papers, but I watch the telly ilky day.
My favourite program? I jist canna
mind the noo. I'm ravelled — a bit fey
wi aa yon different peels. But you maunna
tak me awa. I'm jist fine, richt here
faur I bide. Onywey, fa wad mak my husband's tea?'

TAE CONTER MAISTER BLAKE

'Baa-baa lamb
  fa made ye?
Div ye ken
  fa made ye,

'Gied ye woo
  and waefu vyce,
meek and lythe —
  tho no that wyce?'

*'Man fine I ken
  fa made me.
Yon muckle ram,
  he made me.*

*'Cowpt my ma
  by yonder dyke,
roch and randy
  as onie tyke.*

*'My da I ken,
  my ma I ken.
Richt fine I ken
  fa made me!'*

WILLIAM NEILL

FAREWEEL TAE YESTEREEN

(Owreset frae the Gaelic o Neill MacMhuirich, seventeenth century)

A lang fareweel tae yesternicht,
a sharrow stang nou that it's gane;
gif I suid thole the widdie's heicht
yit wad I leeve it owre again.

117

Twa there are ben the hoose this nicht
wha canna smoor the ee's bricht wiss
nor dern awa frae ither's sicht
a glisk o luve as fain's a kiss.

The glisks o luve that flicht atween
as shair as onie kiss maun seal
the saicret memorie o yestreen,
the waesome stoun o hert's fareweel.

The clashin tongue in vain may seek
oor sang o luve, O bonie een
that seek mine frae the chaumer neuk
an tell aince mair my ain hert's teen.

O that the nicht wad never gae,
wad never come the dawin bricht,
sae we suid be thegither aye.
Arise, ma hert, an smoor the licht.

GEORGE CAMPBELL HAY

George Campbell Hay wes the son o the author o *Gillespie*, but that
didna stop him frae makkin his ain gret merk on the warld o litera-
ture; for aa that his spirit wes cloudit whiles bi the myndin o ill days
tholed in the darkness o war. He wes a native o Tarbert Loch Fyne, an
airt that gied birth tae monie o his maist skeelie lyrical poems; et the
hinner en he dwalt in Edinbro an luvit that citie that held him till his
daith last year. He had the Gaelic by-name o Deorsa Mac Iain Deorsa
an is weel kent as ane o the leadin Gaelic makkars o this centurie. His
wark is estimatit at its true warth by the great Gaelic poets; Sorley
MacLean, Derick Thomson an Donald MacAulay regaird him as a
major poet. There is nae need for onie furder opeinion.

What is no said eneuch is that Hay wes a byous poet in Scots an
Inglish as weel. He wes, forby, that maist wanchancie thing tae be in
this dowie land the day...a patriotic Scot, an that micht weel hae duin
tae get him damned stracht oot afore the Gret Scottish Critics had
taen onie tent o his wark; e'en gin they kent eneuch o onie hame-
growne leid tae set it owre. Ane o his maist weel kent Gaelic vairses
says:

> Do not forsake your native land
> for lands or for wealth,
> for honour or for harlotry.

the whilk wad no be taen owre kindly by sic o the 'Scottish' establishment as see thair elbuck-proggin sclim as be-in cawed on by the revairse o Hay's admoneitions. Belike the screivin o sic duans is the raison that Hay hasnae had the honour he desairves in the land he loued sae weel; gin ye're owre Scottish in the richt sense o yon ward, the pooers that be are liker tae ettle et smoorin oot onie movement tae pit up posthumous myndins tae ye, as we hae seen no a twalmonth syne.

Lik Joe Corrie in his *Image o God,* Hay cud tak the sair straits o the common man an mak a poem tae teir et the hert wi dule an anger. Here is his poem on the fishermen o the wast wha had been obleeged throu puirtith tae sell their nets an then, in 1938, set mendin the roads whan the loch wes hotchin wi herrin:

> Along the shore the solans strike
> and rise, and strike again in spray,
> and I myself, and all my like,
> can curse our fate and look away.
>
> On sheltered rocks the black scarts bask
> full fed, and rise to feed again,
> we bend our shoulders to the task
> they threw to us like beggar men.
>
> The skiff I had for thirty years
> has gone to pay her debts and mine
> My son a stranger's cutter steers
> I delve the roadway by Loch Fyne.
>
> From Kenmore south to Saddell Bay
> the blind shoals wander in the sea.
> I ply my spade and watch them play—
> God, what is it but mockery?

Airts an events in this poem hae a date, but they arena gruppit in thair ain time; the theme is universal, as it is in maist o Hay's vairses.

An he hes fouth o wark tae prieve that he wes a maister o the Scots tung tae. Wha hesna heard or read his *Flooer o the Gean?*

Flooer o the gean
yere aefauld white she wore yestreen.
Wi gentle glances aye she socht me.
Dwell her thochts whaur dwalt her een?

He gies us a glisk o Edinbro seen buirdlie an braw in the wather-glim:

O I hae seen her leamin frae afar,
bricht throu the fleetin blatter o the rain,
an happed an hidden, rowed in nor sea haar,
secret an dour, loom grandly, prood an lane…

Hay wes a true makkar wha made duans that are skyre an fou o meanin tae onie bodie o mense; for he kent that wards were no inventit sae that pretension cud dern itsel ablo the teuch opacitie that canna, it seems, be seen throu bi fowk that sud ken better. Richt eneuch, subtil thochts may breed opacitie; but the revairse isna true, an Hay's ingyne wesna in need o sic buskin. O coorse, whan a man screives ocht wi the intention o makkin plain the subtil souch o his harns an maks poetrie et the same time, a certain kin o critic will ettle et makkin him oot a gowk. But that will no wark wi George Campbell Hay, for his walth o scholarship wes weel kent, an can be seen in his skeelie owresettin intil Gaelic frae Petrach, Corneille; frae Icelandic, Greek auncient an modern, Welsh, Croatian an Spanish. I mind settin in Milne's ae nicht in his companie, whan a lassie held oot a disc wi the sleeve written in Irish o the new spellin. George read it aff for her in Inglish withoot onie mantin. But he wes nae dreich pedant; he had the speerit o the true poet.

Mac Iain Deorsa's lest poem tae be publisht wes *Mochtar and Dougal;* it wes pit in prent by the Celtic Depairtment o the Universitie o Glesca; a lang, skeelie Gaelic poem aboot humane concairns that haed its ruits in Hay's sodgerin in North Africa.

Hay wes a braw poet in Scots. He yaised it whiles wi a deep lexis, whiles wi nocht but a wee barm o Scots wards. He wrote rousin lines in *Grey Ashes:*

Be canny, o trampan on grey ashes;
they steer an the air wins the hert o thaim.
In their hidden hert there derns the grieshoch,
an oot o the grieshoch is born the flame.

120

Be canny, be canny o grey ashes
that ligg but reek i the airless bield.
Swing, wund, swing twa points…they are reekan;
swing three…an the bleeze rins owre the field.

It disna tak a gret heirskip o harns tae ken whit grey ashes Hay
wes ettlin tae blaw intil a lowe, but ye kin be shair he wesna howpin
tae turn up the wee gas-peep that smouders wearilie in the herts o oor
present North British poetasters an criticasters.

Hay loued the lang finger o Kintyre that pynts oot o Argyle tae the
scaurs an shores o Ireland; the heich kaim o Arran; the rouch an gentil
kintraside o Scotland whaur

Rock an stane lay glisterin on aa the heichs abune.
Cool an kind an whisperin it drifted gently doon,
till hill an howe war rowed in it, an land an sea war gane,
aa was still an saft an silent in the smoky smirr o rain.

Hay wes nae blinn romantic. He kent fine whit wes gaun on in his
ain beluvit Scotland, seein

Nae sign that heat an the quick flame war there
an no a sign in the herrit straths, that we should ken
hoo life, a balefire, bleezed on the ridges, reid an fair,
hoo sword an the sang there leapt in the hand an mooth o men.

An us the lave—tae gang lik gaists in a strange land?
Stumblin steps an unsiccar gait in oor ain glens;
shuffle lik coos in weys that are waa'd on either hand;
keep tae the causey, no a fowk, but a flock o men.

'Keppoch is wastit'—weel we may sing it. The ebb tide
has bared oor beach lik a besom. This is oor tune o tunes,
the daft bleatin o grey sheep in tumblt toons,
an the shepherd caain his dogs heich on the hillside.

An the reader maun jeedge whether Hay's Keppoch, Scotland in smaa
bouk, is a true picter the day; whether, in the licht o acquentance we hae
gotten short syne on Scotland's polity an dwinnlin fowk, Hay's verses
are no jist weel-made and bonnie…but true. A peetie the land an the
fowk he screivit on dinna tak mair tent o his wark, for Deorsa Mac Iain
Deorsa, George Campbell Hay, wes a Scot an a scholar in his hert an his
harns an a makkar tae the smer o his banes in the three leids o Scotland.

121

DIVINE OMNISCIENCE

I'm tellt he hadna onie great vocation,
Dingweill MacScruntie, whan he tuk the claith:
it wes his grannie an his mither baith
wha viewed the clairgie wi sic approbation.
But nou, on ilka clerical occasion...
waddins an kirsenins an sempil daith,
nane but the Rev MacScruntie daur draw braith
tae taak aboot the new, or deid, relation.

Aw yon I wadna mind; the poupits heicht
kin kittle up byordnar monologues;
saunts warth thair saut kin aye ootcraik a craw.

But in aw ither airts he skails his licht:
politicks, Art and Science, nowte an dugs.
We pray for Haulie Quait, O Lord, tae daw.

F J NICHOLSON

A HANTLE O PSAUMS

Lang syne ma faither, wha wis a meenister o the bygane UF Kirk,
gied me a braw copie o *The New Testament in Braid Scots* by the Rev.
W. W. Smith, prentit by Alexander Garner, Paisley, 1924. This wark
canna be even'd wi the maisterfu owresettin by Professor W L Lorimer,
for it wisna tranlatit frae the Greek. Smith tuik the subject-maitter o
King Jamie's AV an 'Scotified' the leid. Still an on, I likit tae read it
whiles. At the hinmaist o Smith's New Testament there's an owresettin
o the 23rd Psaum wi nane o the click-chack o the rhymin psaums
whilk fowk lilt i Scots kirks. Aiblins haein owre guid a conceit o massell
I ettled tae mak anither 'owresettin' o that weill-kent psaum. I
trauchled lang, but at lenth ma darg was feenished and I sent the
screed tae the editor o *The Friend*. Nou, the Quakers dinna sing wi
their mous, but they lilt 'at the Lord i their hairts'. Ma 23rd Psaum i
Scots wis prentit i *The Friend* and efter a while, it wis pit intil a buik
caad *The 23rd Psaum* frae the St Andrew Press, i 1978. Oot o the eichtie-
seeven versions o this psaum twentie were i Lallans or the Shetland

leid. Whilk gangs tae pruive the maisic and musardrie o the guid Scots tongue!

Frae that time furth I begoud tae 'owreset' psaums frae the *New English Bible (NEB)*, walin anes that I thocht maist canty or bonnie or buirdly. As I warsled on, I fand that monie Sudron wurds were gey dwaiblie or fushionless. Tak thae preeins o Suddron and Lallans: *NEB* muddy pit, *Scots* glaury cleuch; *NEB* mire and clay, *Scots* clart and cley (Psaum 40); *NEB* panic-stricken, *Scots* fear-fangit (Psaum 55); *NEB* far from, distant, *Scots* hyne-awa (Psaum 73); *NEB* quench their thirst, *Scots* slocken (Psaum 84); *NEB* labour and sorrow, *Scots* darg and dool (Psaum 90); *NEB* put to shame, *Scots* black-affrontit (Psaum 97); *NEB* thin and meagre, *Scots* scranky and scrimpy (Psaum 102); and wurds like: lown (calm); lowsance (freedom); dirls (reverberates); greitin-sauchs (weeping willows); flichters (flutters); wede awa (fade away); glumph-an-gloom (gloomy). Shuirly there's nae Scot wha wadna grein tae sound sic byous vocables!

Tho I founded ma owresettins on the *New English Bible*, I didna thirl masell til the maitter and mainner o the Sudron buik. Abuin aa I wis ettlin tae set aff the pouer an the lousomeness o the Scots leid and the stot o the tune. Oniehou, I howp I hae gien a caller glent o a hantle o psaums.

FRAE PSAUM 19 (vv 1-6)

The heevens set aff the glore o God,
the heich pend o the lift kythes His haund-wark.
The days traffick wi ane anither,
and the nichts twin aa thir kennin,
athout speak or leir nor soun o onie vyce.
Thair maisic dirls throu aa the yird,
thair wurds rax out til the lip o the warld.
I' thaim a shiel is biggit for the sun
wha kythes like a stag-chiel frae his hallan,
rejycin like a buirdly chiel ettlin to rin.
He heizes at ane end o the heevens
and trevels roun thair hinmaist selvedges;
and naethin ava is bieldit frae his blink.

PSAUM 23

The Lord is my herd,
He kens aa my wants;
He gars me ligg i the growthie leys
And guides me by the lip o the lown watter.
For His ain name's sake He maks me hale
And airts me i the richt gate.
Albeid I gang throu the deid-mirk den
I'll fear nae skaith.
For Yoursel is my feir
And your wand and crummock sal beild me.
My buird ye hae plenished afore the een o my faes,
And my heid ye hae chrystit wi yle.
My bicker's lippin-fou.
Certes, aa that's guid, aa that's mercifu
Sal aye be my faa,
And I'll byde i God's ain howff foraye.

PSAUM 130

Out o the deepens I hae cryd til ye, O Lord;
Lord, hark at ma caa.
Lat yer lugs be tentie
til ma crave for mercie.
Lord, gin ye suid mak a lawin o ill-gates,
wha, O Lord, cud heize his heid?
But ye aye forgie our ill-deeds,
and syne ye are sained.
I grien for the Lord wi aa ma sowl,
I howp for the prief o his wadset.
Ma sowl bydes for the Lord
mair gleg nor wairds for keek-o-day.
Lyke fowk waukrife for the daw,
O Israel, waik for the Lord.
For luve that ne'er misgaes is i the Lord,
and michty is his pouer ti win fowk free.
He alane wull gie lowsance til Israel,
scouth frae aa thir wicketness.

DAVID OGSTON

A SCOTS COMMUNION ORDER

David Ogston is aye eydent in uisin Buchan Scots in Kirk services, an this is a vairsion o his Communion Order owreset intil a mair general maik.
(R) indicates congregational repone

Christ, oor passowre Lamb, haes been saicrificed; an we behuive tae keep oor Passowre, no wi the auld barm, the barm o vyce an wickitness, but wi the barmless breid o aefauldness an truith.

God maist heich, You read oor herts lyke open buiks; You ken oor craves; redd the thochts o oor herts wi the inspiration o Your Haly Speirit, sae's we can loue Ye the richt gait an gie Yeir name oor leal an rowthie praise.

Faither in Heivin, we awn that we hae broken Yeir commands an gaen oor ain weys; duin things tae please oorsells an nivver mynd the lave; we hae been prood an thrawn; we hae cairrit the name o Christ an yet cairrit on as gin we never kent Him—

Lord hae mercie on us!

(R) Christ hae mercie on us!

Lord hae mercie on us!

God forgie us; God in His mercie help us nou tae come tae the Haly Table wi open herts, throu Jesus Christ oor Lord!

The Lord be wi ye!

(R) An wi yeirsell!

Lift up yeir herts!

(R) We lift thaim up until the Lord

Lat's aw gie thenks tae God!

(R) It is richt an guid.

It is. At aw times an in ilka steid it faws til us tae gie thenks tae You, Haly Lord, Faither o aw micht, ayelestin God; tae cry Ye glorious, maister an makar o aw things. You, Keing o Heivin, we praise an worship.

Wi aw the thrang o Heivin's fowk, wi the Kirk abuin in glorie, we praise an worship Ye—

Haly, haly, haly, Lord God o Hosts.

Heivin an yird is fou o Your glorie.

Glorie be tae Ye, O Lord maist Heich

Blissit is the Ane that comes i the Lord's Name!

Hosanna faur abuin an awhaur!

Sae nou, we bring tae mynd oor Saviour Christ—the wecht o wae He shouthert for us on Calvary. His rysin frae the dwam o daith tae tak His place asyde the Faither whaur He speaks for us, eydent intercessor. An we tak tent o this, that we byde waitin on the day whan He wul come again til us.

Send doun, O Lord, Yeir Haly Speirit upon us an on Yeir breid an wyne, set here afore Ye, that this breid micht be for aw o us, a sharin o the bodie o Christ, an this caup a sharin o the bluid o Christ; sae that we micht tak thaim in faith an sae be freins ane til the ither, an freins tae Him the heid o ilka boord.

An here we offer Ye, God an Faither, oor sauls an bodies for Ye tae uise an bliss. An this oor praise an thenks we offer tae: in mercie reck it oor weill-farrant wark.

THE GRACE O THE LORD JESUS CHRIST BE WI YE AW

* * *

'What I tauld ye cam doun tae me frae the Lord, an it is this— the Lord Jesus, on the nicht whan he wes betrayed, tuik a laif an, efter he haed spiered the blissin, brak it an said, "This is ma bodie that is gien for ye: dae this in mynd o me." I the same wey, whan the sipper wes by, he tuik the caup an said, "This caup is the new Covenant, sealed wi ma bluid: dae this, as affen as ye drink it, in mynd o me. For ilka tyme that ye aet this breid an drink this caup, ye proclaim the Lord's daith, till he comes".'

Lamb o God, that taks awa the sins o the warld—
(R) Hae mercie on us!
Lamb o God, that taks awa the sins o the warld—
(R) Hae mercie on us!
Lamb o God, that taks awa the sins o the warld—
(R) Grant us Yeir peace!

* * *

The Peace o the Lord Jesus Christ be wi ye aw!

Faither o us aw, we thank an praise Ye, for that we, whan we war hyne awa, hae been brocht near. Aince we war ootlins, but nou we're burgess tounsmen o the saints, God's faimlie an nae mistak, sib tae the Christ Yeir ae an anerlie Son. Aw throu His lyfe, an in the mainner o His daith, He brocht Yeir luve til us. He gied us grace. He cawed ajee the yett o glorie. We that hae pairt an lot wi Him wad fain, wi Him, pree Resurrection lyfe; we that slocken the saul's drouth here wad fain bring awitherbodie lyfe; we that the Speirit lowses frae the mirk wad fain airt licht abraid for ane an aw tae traivel bi.

An may oor Lord Jesus Christ Himsell an God oor Faither, that haes loued us an gien us lestin easedom an guidhowp throu His grace, comfort oor herts an mak us stainch in awthing guid, be it wark or wurd! Amen.

The Lord o Peace Himsell gie us peace awgait an athout devaul! The Lord be wi ye aw!

JOHN S PHILLIPS

THE HERBOUR RATS

Jeck wes a warmer. He aye threipit that gin ye didna speir ye wadna leir, but eikit that a gangin fute's aye gettin. Sae, ti fa in wi his wey o thinkin, aince we had lairnt aa the ins an oots o our ain street, up closes an throu pends an ower dykes, an wha's door-knocker cud be chappit wioot skaith, we raikit the streets nearhaund. We sune kent the shops that war thrang juist afore tea-time, whaur we cud scowk in ahint the fowk an wyse biscuits frae the lairge tins staunin at the back o the shop; or skech a comic aff the coonter in the paper shop whan the wyfie's back wes turnt. On our wey hame frae schule we pit our nebs intil the maut barns, an wonnered at 'the queer-like smell'; as weill intil the stables in Millie Street ti vizzy the muckle cuddies haein thair wash-doun wi a hose ilk Friday eftirnune. Paddy, the unco lairge Clydesdale, aye tuik ill-oot wi this an wad brak lowss an rin oot intil the street.

Faurer awa, we explored the Pannie Den, whaur minnons cud be claucht in the wee burn, an luikit inby the auld roperee. Gin thare wes a muckle bleeze oniewhaur, Jeck wad howk me oot ti gawk at it, an aince o a forenicht we ran the lenth o the toun ti see a huge store o cork bales gaun up in smeek an flames. Ay, Jeck wes an able ane aa richt, an I his wullint maik.

Still an on, Jeck wes byornar feart o ae thing—a wheen keelies frae roun aboot the herbour, hecht the Herbour Rats. He maun hae tulziet wi thaim at ae time or anither. He wesna blate at awnin he wes feart o thaim, tho he wes nae feardy-gowk. But whaneer we tuik a daunder ti the pier-heid ti fush, he wad aye be keekin ower his shouther.

But sae eydent wes Jeck ti be gangin an gettin, it wes amaist our dounfaa. His auldest brither wes an engine-driver on the railway, an frae him Jeck lairnt o the fouth o gear cairrit in guids waggons. Nou Jeck on his traivels kent whaur thare wes a gey wheen waggons staunin ungairdit—at the herbour. Wes I on ti tak a luik at thaim? I wes on. Ti gie the glaiks ti oniebody speirin what we war at, we cairrit our fushin graith, an tuik the gate. Doun the Peth, the unco stey brae sinderin Pethhaid frae Kirkcaldy, by the muckle meal mill, syne the 'fute o the Peth' factories whaur ma auldest sister had no lang stertit as a weaver, an left-haundit intil the herbour alang the railway lines.

First gae aff, we exemint the inner herbour, an here wes a sicht for sair een. Dauds o cork kivert the hale o the clarty grene watter like a claith o yella gowd. We gaed doun the braid staps ti luik it ower. First thocht wes, ye cud amaist walk attour it.

'Ca canny,' said Jeck, wi a wee lauch, 'An dinna sey walkin on it or we'll be caain ye "Corky Jock".'

I jaloused what he wes mintin, an keepit ma feet on firm grund.

The *Newbiggin*, the lairgest ship ti come intil Kirkcaldy Herbour in thae days, wes liggin in the basin, but naebody wes steerin aboot her. It maun hae been her wha unlaidit the cork for the linoleum factories.

Eftir a shufti rounfor warkers, we shauchelt sidieweys in amang the railway waggons. Jeck lowpit up on ti the buffers an luikit in. They war tuim. He wes throu-gaun in his snowkin, but it wes a blue do. Aa we cud finnd ti tak tent o war buists fou o yella creish fessent ti the sides o the waggons for creishin the wheels, an we cudna lift that. It wes wioot doot a grannie.

Thortert, we gaed ti the pier-heid an fusht. This tae wes amaist a grannie, for aa we claucht wes eels. Nou eels are kittle things ti fell. Ye can ding thaim, daud thaim, clour thaim, they are unco teuch. Houanever, Jeck lat me see ae caintrip, hou ti deid eels siccarlie. We tuik thaim ti the railway snecks nearhaund, an whiles I haudit thair heids i the snecks, Jeck cuist the lever ower. End o eels! Knackie an snod—but gig-gads!

Syne, ti shaw hou gallous we war, we sclimt doun the airn rungs on the side o the pier ti juist abune the watter. Wearyin o this ploy, we daunert awa ower the gangwey abune the dock yetts ti an auld wuiden pier, an sin the watter wes laich, we sclam doun an clammert alang the muckle piles kivert wi skytie grene seaweed.

At lang lenth our stamacks begoud ti tell us that it wes weirin on ti tea-time, an gin we wantit hame afore the factorie horns soundit an the warkers skailt, we buid be on our wey.

Tuim-haundit an disjaskit, we trauchled awa, airtin oot o the herbour for the fute o the Peth. Forenent the railway waggons, Jeck stappit on a suddenty, an stuid like a stookie, his braith whusslin throu his teeth, his face blaincht. He had sichtit a gang o louns haidin our wey.

'Jock,' he mumpit, 'Rin forrit. It's the Herbour Rats!'

They had sichtit him tae, an kent him, for they stertit rinnin, yellochin his name. Jeck joukit in amang the waggons, wi me eftir him, an we dernt aneth the waggons. We had ti gae back, an ran for the pier-heid.

'Rin haurd,' said Jeck, an we fairly scartit alang. The Rats cam on mair slaw. At the pier-heid we sclimt the staps gaun up ti the tap o the herbour waa, an ran back the wey. But the Rats kent thair grund ower weill, an whiles the ae hauf o thaim fallowit us up the staps on ti the tap o the waa, tither hauf gaed back ti the toun end ti stap us thare. Houevir, whan we cam ti the toun end o the waa, Jeck juist lowpit doun onti anither laicher step, an we ran aince mair for the pier-heid.

'Nou,' said Jeck as we ran, 'Tak it canny! Dinna weir yersel oot! Rin steive, wi a langer stend!' Hou richt he wes. The Rats didna rin haurd, they juist steikit aa our weys o winnin awa, an hained thair braith for rinnin. Jeck jalousit this, an cheyngit his raik ti fit, at ae time swippert, at anither slawer, een tho we buid rin aa day sae lang's we steyed oot o thair grup.

As we cam ti the end o the waa for the saicont time, it wes aa I cud dae ti pech oot, 'Jeck, I'm gettin wappit. Can we no get oot o the bit? I'm wullint ti staund an fecht. I dinna mynd a black ee or a bluidy neb.'

'It's waur nor that,' he spak back. 'Trow me, they're coorse fechters. Dinna lat thaim get thair haunds on ye.'

Sae we keepit on rinnin—alang the tap o the waa, syne doun on ti the laicher stap, whiles turnin an haidin back the wey whan they thocht ti fang us, back an forrit, back an forrit.

At lang last, Jeck cheyngit the paittren. Ye cud lippen ti Jeck. He had been raxin his harns as weill his laigs in rinnin. Winnin ti the end o the waa at the pier-heid, belyve Jeck snappit oot, 'Doun on ti the pier, Jock, an rin haurd as ye can, back alang ti the yett i the waa.'

Juist at that, twa Rats cam on ti the stap forenent us, an wan forrit. Here wes the tid ti come ti grups wi the fae an lay intil thaim.

'Gie thir twa the shouther, Jock. Chairge!'

At tap speed, close thegither, we dang thaim, an gaed throu thaim like watter throu a spout. Ane gat Jeck's knee in his kyte, an wad hae a sair peenie for a myndin, tither wes cawit heelster gowdie, an in a whiff, we war doun on ti the pier an sprentin the hunner yairds ti the yett hauf-weys alang the herbour waa. It wes airn an no lockit. We poued it apen, an war throu on ti the staps ootby. Thare wes nae wey o steikin the yett ahint us, sae it wes swippert doun the staps, caain canny on the sleekie wrack at the boddom. As we wan ti the boddom, the Rats cam throu the yett aathegither, rowtin nou for our bluid.

'C'mon, Jock,' yellocht Jeck, an lowpit intil the Tiel Burn whilk fleit alang ootside the herbour waa. Sonsie for us the tide wes oot, an the burn unco shalla, as Jeck kent weill, for he had fushed thare for fleuks. We breinged ower it skaithless. Ayont the burn wes haurd, weet saund, an Jeck set the raik wi lang, slaw strides, airtin for the shinner cowp at the back o the saunds. I keepit alangside Jeck, an bit by bit we wan awa frae thaim. On the haurd tap o the cowp we pressit on, an the Rats, nou furth o thair ain grund, warna sae eydent for bluid an drappit mair ahint an in the hinner end, reteirit awa back ti the herbour. We gied ower rinnin an traivelt slaw ower the saft saund ti the fute o the staps gaun up ti Pethheid. We didna say muckle, ti ilk ither. I wes thinkin that the factorie horns had soundit langsyne, an I wad be hauled ower the coals for bein late for ma tea. It ran in my heid tae, aboot the laddie wha cudna claucht the flech, but said he 'gied it an unco fleg', but I haudit ma wheesht.

I wes myndit o this anter whan, ten year on, Jeck cam ti me wi a proposeetion ti jyne the ranks o the rinners o the hauf mile for siller at the Hielant Games. He thocht I wes a guid eneuch rinner ti gang alang wi him. I wesna taen on wi this, as I wes thirlt ti pleyin rugby for the schule. Jeck hissel wes a braw rinner, as he had preivit that day at the herbour lang sinsyne, an wad shuirlie beir the gree. But forby, as Jeck tentilie exponit, it wes richt 'up his street', for the rinners cud hidlins wale aforehaund wha o thair nummer wes ti win onie race, an sae gowk the bookies an tak the siller aff thaim. That wes our Jeck.

DAVID WILLIAM POTTER

TWA ODES FRAE HORACE
Owreset frae the Latin

HORACE ODES I xxiii

Chloe, ye'r like some deer the wey ye rin awa fae me.
It's like ye'r lookin for yer frichtent mither
in the hills far there's nae roads,
an ye'r sae feird, athoot cause, o the wunds an the trees.

Whuther it's the Merch wund that's set the leaves durlin,
or some green lizards that hae got the brammils gaein,
she's shakin in her hert an her shanks.
Fat an awfu wey daein!

A'm no some roch tiger or Gaetulian lion
that's efter ye tae teir ye tae bits;
come on, stap hingin in tae yer mither!
Ye'r ready noo for a man, ar ye no?

HORACE ODES III xxvi

A've feenished juist noo my life as a sodger
wi the lassies, an A've duin no bad.
Noo the wa's gaen tae hae my daeins, and the guitar
that's duin its bit i the war.

A mean this wa that bides on the left hand side
o Venus o the sea. Pit them doon here,
the bricht torches an the jemmies an the bows
that'll attack ony doors in their wey.

O Venus, fa's aucht bonnie Cyprus an Memphis,
far there's nae Sithonian sna, yon stuck-up Chloe,
lift up yer lash, an gie her a tickle,
please, yer ladyship, juist eence!

131

DAVID PURVES

THE STORIE O CAERMOULIS - TRADEITIONAL

This tale wes colleckit bi Peter Buchan in 1829 an wes prentit in gey stilted Inglish in Ancient Scottish Tales, *publisht bi the Buchan Club in 1908. David Purves has putten it inti Scots.*

Ae tyme in the Western Isles, thare bade a walthie man bi name o Gregorie that haed twa braw dochters. He loued thaim baith that weill, he wadna allou thaim ti gang outby the houss athout a strang gaird, for in thae days, the kintrasyde wes thrang wi outlaws an ketterins.

Houanevir, it fell that ae day whan thai warna ferr frae the houss, a gentilman an his sairvant rade up ti thaim an spiered at thaim anent the gairds that war staunin tae neirhaund. Says he,

'Ma leddies, is aw yon your men staunin owre thare.'

The auldest dochter, whas name wes Mysie, wesna verra weill pleised at this an aunsirt him,

'Ay, thai ir that, but what's that ti you, Sir. A'm thinkin ye ir a wee thing forritsum, sae ye ir. We dinna even ken yeir name.'

Says he, 'Ma name is Caermoulis, an it's no lyke me ti be forritsum, but A wes that taen up wi yeir bewtie, A juist coudna help addressin ye.'

Nou Mysie haed a guid consait o hirsell an she lykit the sound o this fyne. Hir hert fair meltit whan she herd thir wirds an it wesna verra lang or thai war crakkin thegither lyke auld freins, sae that Caermoulis fand out awthing he wantit ti ken about hir. It turnt out that Caermoulis leeved in a stane keep no that ferr awa, an i the feinish, he gaed hame alang wi the twa dochters, an gat leave ti pey court ti Mysie. Frae that day on, he aften veisitit hir at hir hame, tho hir sister haedna muckle tyme for him. Ae day, he says til hir,

'Mysie, ma jo, A wad be rael gled gin ye wad cum an see me sum day in ma ain houss, for we nevir hae a richt chaunce ti be thegither bi oursells here. It's no ferr awa an it wadna tak ye lang ti finnd yeir wey thare.'

Nou Mysie wesna shuir about this, but she says til him,

'Ma faither, ye ken, wad nevir lat me gang out o his sicht athout a gaird, but he is for gaun ti the mainland this Setterday, an A coud aiblins mainage ti veisit ye than.'

Sae a tryst wes gried for the neist Setterday, i the eftirnuin, an Caermoulis telt hir the richt gait ti tak an rade awa til his ain keep. But eftir he wes gaen, Mysie wes fasht in hir mynd about gaun hir lane til a strange place ti meet wi a man she didna ken aw that weill, whan aw said an duin. Sae she pat on sum auld raggitie claes an made hirsell up lyke a gaun-about bodie, sae that naebodie wad hae kent hir. Syne, she slippit out the back yett o the houss ti gang an see aforehaund whatlyke wes this keep o Caermoulis's.

Whan she gat thare, it wes a gey dourlyke whunstane place in the hert o a wuid, but she gaed up ti the houss door an chappit on it twa-thrie tymes. The yett wes aff the snek an whan naebodie cam, she gaed inby, an thare afore hir wes a mukkil caudron on a swey, fou o wattir, bylin on the ingil. An whan she keikit inti the pat, she saw bits o a human corp hotterin i the het wattir. Whatna glif she gat! She juist about lowpit out hir skin.

Neist she made ti try the haunil o a door in the kitchen, but it wes lokkit. Houanevir, whan she kuist hir een about hir, she lit on a hankil o roustie auld kies lyin on the kitchen taibil. She tryit thir kies in the door an shuir aneuch, ane o thaim fittit the lok. The door led intil a chaumer fou o men's claes o aw shapes an kynds, an frae ilka coat, Mysie cut a swatch o claith an stappit thaim in a poutch. Anither door led frae the kitchen intil anither chaumer, an in thare she fand weimen's claes o aw kynds, an frae ilka goun she cut a swatch an pat thaim inti the poutch anaw.

In the middil o the kitchen fluir the war a bole wi a trap-door that led doun til a stane stair. She gaed doun the steps an aw at aince, she fand hirsell up til hir knees in cauld bluid. Syne she herd a vyce frae the derk neuks o the vault sayin:

'O dear Leddie Mysie, binna sae bauld,
or yeir warm hert's bluid suin turn this cauld!'

Whan she herd thir wirds, Mysie flew up the stairs as fest as hir legs wad cairrie hir, up inti the licht, an she wes airtin for the outer door whan she saw Caermoulis an his sairvant harlin the corp o a wumman bi the hair o the heid alang the fluir, frae the haw inti the kitchen. She haed nae tyme ti win awa, sae she hid hirsell ahint a door that wes wyde ti the waw.

A mukkil hound follaed the cannibal perr inti the kitchen an it gied a loud bowf, kennin that Mysie wes thare. 'Wheesht Luath!' says Caermoulis, an he taen a gullie, cut af ane o the deid wumman's haunds an threw it ti the dug. But the dug haed haen his denner—an he wesna richt hungerie an clappit doun ti dover bi the ingil.

Syne, Caermoulis sat himsell doun in a chair an said til his sairvant, 'The Leddie Mysie wul be cummin for ti pey us a veisit neist

Setterday. Ye'd better git this place redd up, Jock! We wadna want hir ti tak fricht as suin as she sets hir fuit owre the houss door. Dae ye ken, Jock, A fancie A smell fresh bluid about the place? The'r sumbodie here, A'm shuir!'

But Jock said, 'Na, Na, Maister, the'r naebodie here but our twa sells, naebodie ava! A'm thinkin ye'r smellin the fresh bluid frae the haund ye gied ti Luath. It's still lyin thare on the fluir. The wumman's no lang deid yit.'

But Caermoulis wes sweir ti believe this.

'A still hae a notion the'r sumbodie about the place. Sumthing's no richt. Juist in case, the-nicht, we'l mak doun the bed ahint the houss door ti mak siccar naebodie can git out.'

Sae thai baith lay doun ahint the door, an in a littil wee whyle, thai war baith sound asleep snorkin an snorin, eftir aw thair trauchil that day. As suin as Mysie wes shuir thai war baith weill awa, she taen up the deid wumman's haund af the fluir an pat it in hir poutch. Syne, quaet as a mouss, she opened the houss door an lowpit out hie in the air owre the tap o Caermoulis an his sairvant. At this, Caermoulis hauf waukent up out his sleep an mummilt that shuirlie sumbodie haed wun out, but the sairvant said it wes juist a bird flichterin outby, lyke. What ither?

Ye can be shuir Mysie didna stap ti pick flouers on the road. As suin as she wan hame, she chynged out hir auld clouts, an the neist day, she arranged for a big pairtie o hir freins ti cum ti the houss about the tyme that Caermoulis cam forordnar ti veisit hir. He wes a wee thing pit out whan he saw aw the fowk in the houss, but whan the supper wes set, he wes rael joco an gled aneuch ti sit doun at the brod alang wi the ither guests.

Whan the supper wes richt feinisht, the cumpanie settilt doun for a ceilidh an it wes gried that oniebodie that coudna pype or lilt, wad tell a tale. The forenicht gaed in, an sangs war sung an tales war telt or it cam Mysie's turn. Sae she stuid up an said,

'A'm nae singer an the best A can dae the-nicht is ti tell ye anent this unco dream A haed last nicht.'

An she glowert owre at Caermoulis.

'This concerns you, Caermoulis.'

Caermoulis fairlie cockit up his lugs at this.

'In ma dream, it seemed ti me that A wes cled lyke a gangril bodie, an that A gaed up ti yeir keep for ti spier for a morsil breid. But whan naebodie cam ti the yett, A gaed inti the houss an what did A see but a mukkil caudron bylin on the ingil wi bits o a human bodie soumin about in it.

'A coud haurlie credit this an thocht A'd better hae a luik inti sum o the chaumers in the place. A fand a hankil o kies on the kitchen taibil an ane o thaim fittit a chaumer af the kitchen. A gaed inby an fand a gret nummer o men's claes, an in anither chaumer, the war a fek o weimen's claes. A cut a swatch o claith frae ilka goun an brocht thaim hame wi me. Syne A gaed doun a stair frae the kitchen an fand masell up ti ma knees in cauld bluid, wi a vyce sayin:

'O dear Leddie Mysie, binna sae bauld,
or yeir warm hert's bluid suin turn this cauld!'

At this, Caermoulis dochtna byde quaet onie langer an interrupted hir,

'Weimen's dreams an weimen's thochts is ferlifu. A'l hear nae mair o this. Jock, saidil you the horses an we'l ryde!'

But Mysie wadna lat him gang an she gaed on.

'Whan A wan back ti the heid o the stair abuin the puil o bluid, A saw you an yeir man draggin bi the hair o the heid, the corp o a wumman. Ye snekkit af ane o hir haunds an threw it til a mukkil hound near whaur A stuid. A taen up the haund an brocht it hame wi me and see, here it is!'

An Mysie held up the haund afore them aw. At that, Caermoulis an his sairvant made ti rin, but thai war taen an bund wi raip. An at aince, thai bure him awa ti be brunt in his ain keep, an his sairvant ti be drouned.

In thae days the war haurd herts.

TINT LUVE

Frae the Chinese o Wu-ti (157-87 BC), Saxt Emperor o the Han Dynasty

> The soun o hir silk skirt haes gaen.
> On the merbil plainstanes the stour doungethers.
> Hir tuim chaumer is cauld an lown.
> The fawn leafs is haepit agin the doors.
> Greinin for that lousum leddie,
> hou can A bring ma sair hert ti rest?

Throch frae The Tragedie o Macbeth *owreset frae the Inglish*
o Shakespeare

Frae Act III Scene 2

Macbeth: Cum blinndin nicht, hap up the tender ee
o peitie, an wi yeir bluidie
inveisibil haund, blouter the lyfe
that hauds me aye in fear! The nicht faws,
an hame the craw flees til the mirk wud.
The guid things o the day begins ti dover owre,
an the beiss that hunts i the derk begins
ti steir thairsells an set aboot thair wark.

A see ye wunner at ma wurds!
Nou juist you caum yeirsell!
Things wi ill sterts growes strang wi wickedness.

Cum wi me nou, gin ye please?

WILLIAM J RAE

THE MISDOUTIN SEA-MAW

Whyles a chiel can suffer some kinna dunt in the coorse o his life which is like tae cheenge his haill naitur. Sae it wis wi young Symington the sea-maw. He wis a blithe, trustin craitur wha niver thocht ill o oniebodie up tae yon black day whan he fand oot there wis sic a thing as a cairdboord fish. You micht say the affair wis his ain wyte, of coorse. He wis fleein owre a schule-playgrund, whaur onie gull has a richt tae expeck divots o breid frae the bairns whan they're rivin intae their pieces at the mornin playtime. But he micht hae taen a thocht til himsell whan he saw a wee lad comin oot o the schule at fower o'clock wi a fish in his nieve...Yon's byordinar...But deil sic a thocht did he tak. Doun he wheecht, fleggin the puir loun gey near tae daith, and he nippit the fish oot his nieve wi his beak. It wis aa duin as clean as a whustle. But whit a begink Symington gat whan it dawned on him it wisnae a real fish, but as like as no, ane the laddies had made as a model oot o cairdboord.

136

Gin he'd been his lane at the time, it michtna hae left sic a merk on him. But his twa freends, Sammy and Sidney, had seen the haill thing. They had been fleein alang wi him, and they fair tuik the rise oot o him efterhaund.

'It serrs you richt, Symington,' said Sammy, 'for be-in sae gutsie. But whit'll ye be daein neist, I wunner? Will you be mistakkin a cheinie egg for a real ane, aiblins?'

'A cheinie egg?' cried Symington. He'd niver heard o sic a thing.

'Ay,' said Sammy, 'I met a hen the tither day wha tellt me a wifie pits cheinie eggs in aneth her.'

'Dod,' laucht Sidney, 'you coud pit a gowf baa aneth Symington, and he's sae gullible, he'd tak it for an egg.'

Weel, aince he had fund oot aboot cairdboord fish and cheinie eggs, Symington gat richt roosed up.

'I niver thocht there war sic coorse, underhaund ploys in this warld,' he said, 'but I'll tell you ae thing, I'll niver be taen-in by oniething efter this—oh, my certes, no. Naebodie will iver swick me nou.'

He wis hurt-kind at be-in caa'd 'gullible' anaa. But aa the same, wi him be-in a gull he had mebbe been owre trustin...

Oniewey, aff he flew tae his nest on the ninetiet-fleer o a muckle multi-storey cliff, and he wis nae suiner there than he wis orderin his guidwife, Sonia, tae get hersell up and aff her eggs. She wisna weel pleased. He'd niver spoken that wey til her afore, and forby, he hadna brocht her onie tit-bits.

'And whit wad I dae that for?' she spiert, rael nippit-like.

'Kis I maun mak siccar that aa the eggs ye're sittin on are rael anes. You've aiblins slippit a cheinie ane amon them.'

Weel, that fair did it. She flew up aff the eggs aa richt, but it wis tae gie him a batterin the like o which he wadna forget for monie's the day. Syne, wi her feithers still aa runkled, she tuik hersell back intae the nest and tellt him nae tae come back and deave her again.

'As if I'd lay a cheinie egg! The verra idea o't,' she declaurt.

Makkin himsell scarce, Symington said tae the air, 'I dinna think she luves me sae muckle nouadays. I howp she haesna taen a fancy tae yon snicherin craitur, Sidney. I'll hae tae keep an ee on him.'

He wisna aa that fasht aboot be-in kicked oot o his nest, for he kent she needit him tae bring her meat, and oniewey, she wad get owre her ill-naitur. My, but he hadna expeckit her tae flee at him like yon, aa the same. He wished he'd been shairp eneuch tae catch a glisk o the eggs whan she wis batterin at him. And come tae think o't, gin she wisna hairborin a cheinie egg in the clutch, she'd shairly nae hae gotten intae sic a bicker wi him. He'd fund her oot—there war nae twa weys aboot it. Ah weel, sae lang as he kent that, she wisna makkin a gype o him. Lat her keep the cheinie egg if that wis what she wantit…

Kennin he wisna be-in made a monkey o bi Sonia left him aa the mair mindit nae tae believe a word oniebodie micht say tae him frae yon time on. But suin nane o his freends wad speak tae him, for naebodie likes tae be caa'd a leear. Even Meg the magpie, wha aye had a word for onie chiel, turnt scunnert o him. She wis an awfu craitur for spreidin news and ferlies aboot the place, and ae day she tellt Symington that a wind had cowpit the dustbins ahint the Marine Hotel.

'There'll be some braw pickins there,' said she.

'Nae dout,' replied Symington, 'and neist ye'll be tellin me pigs micht flee.'

'It's richt eneuch. Awa you and see for yoursell,' she cried.

'Na, faith you, I winna faa for that. I wisna born yestreen, I'd hae ye ken.'

'Weel, weel, please yoursell then,' said Meg, and aff she flew in a muckle huff.

Waur nor that, Symington suin wadna even lippen on his verra een. Sae he didna jine wi the ither gulls whan a fish-lorry turned owre on an icy road juist oot o toun ae wintry day. The load wis cowpit richt across the road anaa, but weel he kent there maun be some catch in the haill thing. Lat ithers mak gowks o themsells, he thocht. And he wadna flee owre the pond in the public park whan a wheen o fowks war feedin the swans, dyeuks and some o his seagull freends. Na, things war niver whit they seemed. He wisna for be-in taen in, I tell you.

Ae road or anither, he missed a birn o the treats that his freends war haein, and aa the pleisure he gat wis in fancyin hou gleg he wis. But syne he fell tae thinkin that his freends warna aye wrang. They had gotten a braw feed on the fish frae yon lorry, richt eneuch, and the fowks at the park had been shyin bits o salmon sandwiches, sae it wis said. And dae ye ken this, did he nae growe richt dowie and disjaskit? Syne he gaed aboot girnin that he wis aye the ane left oot whan the guid things o this life war be-in pairtit.

Waur nor aa, Sonia had expeckit him tae come hame wi tit-bits, frae the like o yon park, as the ither gulls war daein, an whan he didna, she warkit hersell intae a richt rage and gied him mair o his licks. Syne, ae day she tellt him nae tae come back tae her nest. His freend, Sidney, had promised tae luik efter her. She didna need Symington onie mair.

138

He wis near tae greetin, he wis sae pit oot. She wis giein him the elbock, there wis nae dout o't. Sudden-like tho, he mindit on his ain rule o niver believin a word oniebody spak.

'She daesna mean it,' he tellt himsell. 'I wis a fuil tae lippen on her.'

Wi that, he perkit up and fleein abune the hairbor, he lat his ee licht on a mackerel lyin neist a box. Athout wunnerin gin it micht be a cairdboord fish, he wheecht doun and nabbit it. Awa he flew tae the nest and afore Sonia could gie him onie snash, he'd clappit the catch doun afore her.

Nou she likit mackerel abuin aa ither fish, and he kent she'd be like tae mak things up wi him. But afore she wad pick up even ae mouthfu, she said tae him:

'There's ae thing you maun promise me, Symington, or I winna touch a perlicket o this fish.'

'And whit's that?'

'Will you sweir tae believe ilka thing I say tae you frae nou on?'

Symington thocht for a meenit. Had he nae been a happier chiel whan he hadna been misdoutin aabody?

'Ah richt, Sonia, lassie.'

'Dae ye sweir til't?'

'Ay, I sweir. Daes that mean we're freends aince mair, you and me?'

'I suppose we are,' said she, ettlin tae soun sweer kind.

He lowpit up aside her on the nest. Efter a meenit he couldna help spierin: 'But whit aboot Sidney?'

Sonia lauchit, throu a mou fou o mackerel banes. 'I wis but kiddin you on aboot him, man.'

Symington wunnert for a meenit gin she wis speakin sooth, syne mindit he had tae believe her nou. And ach, whit did it maitter gin she wis makkin a gowk o him?

Moral: Gin ye dinna trust onybody, ye'll richt suin be an ootlin.

LYDIA ROBB

THE LEST LAUCH

The mune hung like a gowden baa abune the sea dyke. It cast skelfs o siller on the daurk wimpled watters o the herbor. The fishin boats lay caum, tied up siccar for the nicht.

A raw o reikin lums made patrens o lang thin sheddaes doun the Seagate an joukin in an oot o the shedaes. Geordie Smith made ne'er a soun in his rubber sea-buits.

Keekin ahent noo and again, shair that he wis bein follied, he nicked fae biggin tae biggin. Whether he gaed forrit or backarts, the mune gaed tae, yella mou smirkin like she kent whit saicrets he hud hoddit— kent whit ill-daein ploys he got up tae. Try tho he micht, he couldna shak her aff. The big, roun reflektion gowked up at him fae a flet, daurk dub—the lavins o the lest high tide. He thocht for a meenit then tappit the lip o the dub wi the tae o his buit an turned the mune tae a jigglin mulk jeely.

Like the surface o the watter, his mood chynged an in a shooglie vyce he burst intae sang, an daunered aff doun the street.

'Shine on...shine on harvest moo-hoon up in the sky-ee. Da..da..de..da.. for me an my gerr-ul.'

He wis gled o the nip in the nicht air for it brocht him tae his senses, but he chittered for the want o a warm jaiket. He poued his wurset gravat roun his thrapple an his airms ticht intae his kist.

The mochie air in the pub hud been mair than he cud thole. Cam hauf ten that nicht, the 'Craw's Nest' wis a richt stramash, wi the air fit tae smoor fowk. Geordie didnae ken if it wis the effeck o the rum or the reik but try tho he micht, his een widnae focus on the ither end o the bar. The dominoes dirled agin the burnist table till his heid dirled anaa. Whan his turn cam, aa he cud say wis CHAPPIN. Then, juist in case they thocht he wis grippy, he bocht anither roun o drink an left.

The hoose cam in sicht as the nock on the steeple chappit ten. He had howped that Annie wid be beddit but he cud just mak oot a chink o licht atween the kitchen curtains. He dachled a blink, howkit in his pouch then papped a Granny sooker in his mou. He poued the gate tae, mairvellin at his haundy-wark — straikin the smooth wud wi his rouch fingers. It wis an unco braw gate made fae the wheel aff the ill-weirdit 'Girl Jane' an moutched fae the bracker's yaird. He'd spent oors sortin the splintered spocks till the fineer wis perfeck an the bress burnist. It myndit him on his guid fortune at bein alive.

He tip-taed ower the reid 'Cardinal' polished stap, then leaned agin the lobby waa an warsled wi his wellies. Pechin wi the effeck, he keekit in the mirror. Twa bluid-shot een gowped back at him. Then he poked oot his tongue, stuck wi skelfs o pan draps, an boked at the sicht. He poued up his socks an padded ben the hoose.

Annie wis sittin in the green fireside chair an didnae even leuk up whan he cam in. Clickety-click...clickety clicken...fingers muivin like lichtnin an the baa o wurset lowpin aboot the flair like a dementit baist.

'Ay ay, wife.'

'Ay George.'

He kent fine she only caad him George whan she'd taen the tig. Tho she wis an even-naitured sowl, whan somethin got up her humph, he couldna leuk at her sidey-weys.

Her neb twitched. He smelled o reik, stale sweit an lavender watter.

'I see ye've been spendin siller we can ill afford.'

There wis nae answer.

He poued on his baffies an warsled wi the zip.

'Did the auld wife cry roun?'

Annie quat the clickin.

'Ay, she did that. Spent a guid oor girnin aboot her rheumy jynts an anither argie bargiein aboot the price o mealie puddins at the Soshie butchers. As ay, she wis speirin efter her blue eyed boy—but he wisna here. Wis he?'

She gae the embers a steir wi the poker then jabbed at the lavins o the logs wi the tae o her bleck buit. A shour o sparks birled up the lum.

Geordie couried doun in the muckle leather airmchair, lichtit his cutty an fell intae a dwam, dilled by the deein flames.

She breenged by him, clauchtin the corners o her strippit peenie tae her kist. She gae the peenie a shak an the kinlin dirled doun ahent the fender. He waukened wi a stert, left her sortin the wud in nait raws an climmed the stair. The sneck gaed on her room door a wee bittie efter. He listened for the whisper o her gounie, thinkin on the saft skin ablow an he steired aneath the quilt.

Annie widnae lat him lay a finger on her—no sin the birth o the laddie. The meenit she saw him, she kent he wisnae richt. His wee face wis flettened an his een sklent. They'd tellt her he widnae see fower an him nou twinty-fower.

141

The wund wis gettin up—souchin fae the Wast—fechtin wi the murnin soun o the fog horn an steirin thochts in his mynd o anither sic nicht.

The skipper o the *Girl Jane* hud turned for hame, settin his sichts on a pickle lichts flauchterin throu the mirk. She wisnae tae win hame that nicht or ony ither. She wis haudin her ain, bow intae the wund whan a byornar waa o watter caad her asklent, brackin her back, the crew o fower souked intae the swal an strawn like chuckies on the shore.

Ilka ane hud braithed his lest except Geordie. But the fisher fowk in their supersteesion shunned him. Efter aa, the sea didnae want him, so naither did they.

Gin he wis on the mend, he'd see the auld men gaithered ahent the sea waa like a raw o skittles, bent heids bobbin as they blathered.

Ilka kennin face wid faa quait at the sicht o him. The only ane that hud socht his company wis Annie.

Chae waukened wi the sun glintin on the pictur that hung abune the bed, cross steiks in reid an blue raws, 'Repent ye sinners' it tellt the warld, tho he wis nane the wiser. His belly rummled. He cud hear his mither flittin aboot the kitchen, steirin the parritch pot an clatterin the cheeny. He warsled wi his navy blue jersey, then the navy blue breeks, but gae up on the tackity buits. They gaed ablow his oxters as he shauchled ben the hoose an took a sait at the table, slack mou warkin —'My cup's fou an runnin ober'—he skellt his tea.

His face gae the game awa—roun like a ba wi rosy chowks, bricht blue een an a mou that lauched foriver an on—even at funerals, Chae sat amang the murners smirkin fae lug tae lug. 'Jesus lubs me dis I know' atween mouthfus o parritch slabberin doun his chin.

Hud they no tellt her in as mony words? 'He will never walk, never talk.'But she kent as only a mither kent whit her son wid dae. He cud walk fine an did he no sing wi the Sally Army band? Whit's mair, he won his keep rinnin errands an blecknin the buits. His faither's buits hud a sheen like nae ithers.

Annie gae his face anither dicht then wapped a lang gravat athort his kist, festenin it roun the back wi a safety preen. She pressed the note for the messages intae his nieve an lat the sneck aff the door.

Nellie Fairweather spied Chae paddin doun the Seagate, heid boued agin the wund. She an her sister Maisie quat baitin the lines an hunkered ahent the fish hoose waa. Chae stertit wi a fricht whan the pair o them lowped oot skirlin in his lugs.

Nellie nivver missed a chance tae torter Chae. 'A've tellt ye afore—daft as a maik watch, Maisie. He disnae unnerstaun.' She jinked a jig, heistin her strippit skirt abune her knees. Chae gowked an lauched his lauch.

'Dinna be sic a hizzie, Nellie.' Maisie poued the kiltit skirt doun. Nellie poued it up yince mair.

'Fee fi fo fum.'

Nou Kitty, the wee sister, jyned in.

'Hae ye nivver seen a lassie's bum?'

The twa sisters, in a fair curfuffle, egged Nellie on, daured her act the deil. Wi her back tae Chae, she poued doun her breeks an shawed a bare dowp.

The gulls, steired aff the lum heids, whurled an squaiched. Annie herkened tae the stushie an cam rinnin, shakin her nieve in the air. She caad Nellie aa the limmers oot, boastin tae bash her atween the een. Chae lauched his lauch. Maisie feart for murder, focht tae keep the weemen apairt till Annie, yellin that she'd tell the Boabies, poued Chae awa by the scriff o the neck. 'Ach, lae the loonie abee,' Nellie said gaein back tae baitin the lines.

Nicht fund Annie doverin in the green chair, listenin wi hauf a lug tae the McFlannels on the wireless. She didnae hear the sneck whan Chae crept fae the hoose, saft fuitit in his baffies. Heid doun, airms happit roun his kist an souchin his sang, 'Jesus lubs me…' he shauchled alang, poued like a magnet towarts Nellie Fairweather's.

The street wis quait, the biggin in daurkness. Chae scouked amang the barrels in the yaird an heard ne'er a soun bar the duntin o his hert. He poued himsel up by the bleck palins tae the stair heid, then, canny-like caad the door open.

Aince afore that day he'd seen the bare erse, polished the buits that sat at the fuit o her bed. The seik fumes o lavender watter waufted up his neb.

It wis near midnicht afore they fund him, the lauch dichtit fae the swalled face. By the licht o the mune, he wis bobbin amang the boats in the herbor.

Nellie drappit the bairn echt month efter. The meenit she saw him she kent. Richt fine she kent.

JAMES F ROBERTSON

A MAD MORNIN

The warld birled, an there wis I,
The sun straucht intil ma een;
The reid scaur o't athort the hill
An glancin on the green.

She birled, and cuist me out heid-lang
Tho she'd taen me tae her breist;
Ma seck I left upo the grun
Like an auld deid beast.

Early up I wis, an wow!
I thocht I'd never slept sae braw;
Tummocks an howes in ilka limb—
I streetched an tint them aa.

Awa doun the Wharry Burn,
Linkin sae lazy
By birk, buss and bourtree,
Singin 'Proud Maisie'.

FASCINATION

'Pit yersell in ma shuin,' said the Serpent tae the Pheasant.
'I didna ken ye wure them,' said the Pheasant tae be pleasant.
'I wis speakin metaphorically,' said Serpent wi a grin—
An openin up his leathern lips he souked the taupie in.

T A ROBERTSON (VAGALAND)

KWARNA FARNA?*

A laar o Wast wind blaain
  Keeps doon da warm ön;
I hear da Baas o Huxter,
  An hear da lavrik's tön
  Ita da lift abön.

Da lochs, trou bricht daals lyin,
  Spreads wide der sheenin net;
Da simmermil is mirrlin
  By skerry, stack, and clett;
  Bit shön da sun will set.

You see noo, every saison,
  Run waas o barns an byres,
An rigs an cuts fast shangin
  Ta burra an ta mires,
  An little reek fae fires.

Eence Dale ta Brouster mustered
  A thoosand folk an mair
Ta dell, and draa dae boats doon,
  An cast, and maa, an shair;
  Bit noo da laand is bare.

*Kwarna farna?—Whaur ye gaun? (Auld Norn)

CHRISTOPHER RUSH

Frae the Chinese o Po Chu-I (772-846 AD)

GOWDEN BELLS

When I was near-haun forty
I had a dochter: they caad her Gowden Bells.
A twalmonth's gane by nou sin she was born.
She's lairnin tae sit up, and canna spik yet.
I think shame tho—tae awn that I'm no wyce,
that I've no the hert o a sage. Frae nou on
I canna coonter hame-bred thochts an souchs,
sae browdent am I on this wee smowt o a bairn,
fair thirlt tae things ootwith mysel—externals.
And for whit? Nae fairin forby present pleisure.
Gin I'm spared the dool o her deein a wean,
syne I'll hae the fash o haein her wad.
I'd ettled tae quat wark, and gang back hame
tae the hielands. Weill, thon's a ploy
I'll hae tae pit aff nou, for fifteen year.

MYNDIN GOWDEN BELLS

Sillerless, and sair no weill—feenisht at forty.
Winsome and green—a wee lass o three.
No a loon, mynd, but better than naethin—
a bonnie quyne. Whiles a kiss, tae gledden the hert.
There cam ae day—they suddently wysed her awa frae me;
her saul's sheddae waunert aff—whaur I dinna ken.
An when I think back, an mynd on her,
hou, jist aboot the time she dee'd
she wuid blether awa tae hirsell, bairns' claivers—
she was jist lairnin hou tae spik, ye see—
och! syne I ken that the ties o flesh an bluid
yoke us tae a birn o pyne an sorrie.
Hinnerly, by thinkin on the time afore she was born,
by thocht an wit I drave awa the hert-scaud.
Mony days hae passed nou, sin my hert tint her.
An three times roond winter's cheynged tae spring.

This mornin, for a wee, the auld stob cam back,
because, in the road oot there, I met her auld nurse.

JAMIE A SMITH

THE KILLIN O THE SOO

Near Christmas, an the big fat soo
Grunts at her troch—I'll hae ti fill it;
She'll no guts mickle mair for noo—
The fermer says it's time ti kill it.

Out cam the flesher frae the toon,
Shairpent his aix (I'm no for seein)—
Her skraichs afore she wis brocht doon!
I hear them yet. The bluid wes fleein!

Deid i the glaur. The stye is toom.
Whit had I duin her pain ti lessen!
Tremmlin I flew up tae ma room—
Disjaskit, fleggit, scunnert, pechin.

Sin that day I hae ne'er pree'd pork,
Nor flesh, nor fowl nor even fishes…
That tasty morsil on yer fork
Wes killed. Tak vegetarian dishes!

GAVIN SPROTT

SPINKIES

There wes this man and his faimly, him and his wife and his son and
his dochter. He wes cottar't wi this fairmer. Ae day at seed time, he
wes in this park wi a pair o horse and the harras. He had haltit and
gaed round til the heid o the lan'side horse tae get a luik o his mouth.
He thocht the bit wes chaivin. The neist thing there wes the crack o a
gun in this wuid aside the park. The horse gets an affa stert, they rear,

147

doun they come and they belt. The man gings doun and in a flash the harras is ower him, the tines rivin the flesh fae his banes something terrible. And whan they fund him, the puir deivil wes deid—his thrapple wes cut like he wes a pig.

It had been the laird out wi his gun. And ye could say, this haill upturn wes his blame, but aa the same, he maun 'ae thocht it, for he peyit for the laddie tae ging til the skuil i the toun, and for the weidae and the dochter, he alloued the neibors tae bigg a houss til them.

And there they bade in this houss. A fell roch houss it wes. In thae times they biggit a houss in near a day, wi big couples and waas o fail and stanes, and a theik o divots and bruim and mair divots and onything 'at cam til hand. And the windaes wesnae windaes ava, but holes i the waa, stappit wi auld clouts, and there wes nae lum tae speak o, juist a brak in the riggin at the gai'le for the reik.

And sae the twa o them won their livin wi aa mainner o smaa fees. That wes the days o the heuk, and in time o hairst, they'd ging doun til the big fairms in the laich kintra. They'd mebbe get out-wark at clattin neips and sneddin thristles, and for aa ye ken, turnin hey and wailin tatties. And they'd tak in washin. In thae days, they'd tak it doun til the burnside and rax it ower big stanes and clatter it wi sticks.

And sae the years gaed by, and the mither becam a bittie shauchlie and she begun tae fail. And aye the dochter gaed out tae get whit wark she could. But ae day, the auld wumman got a shock. She wes cripple doun the ae side o her, she couldna stand but she cowpit, and she could scarce speak: nae richt words, a roar it wes, juist.

Weill, there it wes, the dochter becam thirlt til the mither, tendin aa her wants. She couldna laeve her lang; she'd ging doun the trackie til the merchant's shop, and suin's she gets back, she hears the broken-backit roar o the auld wumman.

At this rate she canna get out and wark; the maist she can dae is tak in bits o mendin, and she taks in oo fae the shop and knits it intil stockins and ganseys and that. But in conseideration o the hardship, the pairish gies her a bit aliment, and there is a poke 'at hings in the mill, and fowk upliftin their meal pits in a twa-three pund intil't, and the auld decay't and weidae bodies in the pairish, it is dividit amang them. Ye could say fowk wes kind til them. They'd sort the theik, the neibors 'ad win and lead peats til them, the bairns 'ad get sent for tae gaither sticks and rin wee errans. In the fine spring and simmer days, the dochter she'd haal her auld mither out the houss and cock her up on a chair in the sun.

At the stert, fowk thocht the auld wifie's nae lang for this warld, she'll be cairrit awa wi anither shock, shairly, but it didna turn out that wey. The years pass't, she bade the same, and the dochter she wes weill intil her middle years, mebbe mair.

And there wes the twa o them in this houss. It wes ae room juist, wi the fire at the tae gai'le, and the press bed whaur the auld mither sleepit at the tither. The nicht time the dochter lee't on a settle alang the waa. And ye'd think sleep 'ad be a mercy grantit them, mair in the lang winter nichts, wi the blast o the storm outside, and a fire 'at 'ad scarce keep in, they war that carefae wi the peats. But na, the auld wumman she'd kirn about, she'd roar, and the dochter she'd sit up wi her or she settl't.

A weary life, ye micht say. Neibors cam wi their help. The dominie 'at wes the session clairk aye cam wi the aliment and a hauf-stane o meal and a poke o sids til their sowans. And the meinister cam and sat wi the auld wumman, and whyles he read the Psaums o Dauvit, and whyles he spak o the warld tae come, whan aa tears 'ad be dichtit fae their een.

The days wore on. Fowk aye cam about the place, and yit the dochter thinks they's a bittie sweir growin. And there she wes, cruiv't in wi their charity and their guid warks, and aye she thankit them. But whyles fowk thocht they seen a cast o pride in her gratitude. And ye maun think she had title til't, for tae grudge her that, wes tae rob her o her dignity. But na, there wes a sourness creepit in. Gin fowk aye cam, it wes mair seldom.

Ae day the dochter wak, and she hears the blackie singin on the riggin o the houss, and she thinks, strange that, I'm weill sleepit. She disna rouse hersell, she kens her mither's deid. She's that weary she pits her heid doun and gings back tae sleep for twa-three 'ours. She rouses hersell syne, and athout sae muckle's a keek in the bed at the gai'le, she gings doun tae the meinister.

The auld wife's buirit, and the dochter dis her best for the fowk 'at comes back til the houss, wi bannocks and cheese and bowles o tae. And there's fowk she can scarce recogneise, and there's a racket in the place that minds her on the day it wes biggit whan she wes but a bairn.

Syne they're awa. The first thing she dis or she redds up ahent them, is haals the covers fae the bed and taks them round the back, gets kinnlin fae the fire and sets them in a bleize, that and the auld wife's gibbles, and her claes and that.

Nou, you'd think that wes her free, in a wey o speakin. The neist Sunday, she gets hersell redd up. She howks in the kist for claes she hasna worn for years, she gets hersell til the kirk. But she is that ill-yais't wi company she canna face it, and whan the kirk skails, she skutters awa hame in an affa steir. And fowk says she's fell founert wi her mither's daith, but she's mebbe nae richt i the heid for aa that.

An whan she gets hame, she considers her claes. They're a richt orrie mixter-maxter o patches and auld-farrant things, and aeven gin naebodie's peyin nae attention, she's this notion it's an affa fuil o hersell she's made. And she gets a luik o hersell in the keikin-gless, and it's an auld wumman wi white hair 'at she sees.

Weill she's nae trauchl't wi her auld mither nou; she's out a bittie mair. She gings til the moss tae cast peats, but aye whan there's naebodie there, and that's simple, for there's nae mony fowk 'at burns peats nae mair. She gets a bittie milk fae her neibors for knittin and mendin, but nou a bit wark they gie her for peity, and laeve her a pitcher o milk at the roadend.

And sae there wes nae mony fowk cam about the place. She wes a crabbit auld wife some said, and ithers, they war mebbe feart at her. Ae day she'd gae tae cut whins 'at she yais't til her fire; they gied a quick flame for a bilin o watter and eekit her store o peats. She's takin her aix til this whin buss and by comes the fairmer. Ye're nae tae tak ma whins says he, the ends is tae be bruisit for maet til ma horse. Damn yer whins, says she, and for aa that he roars at her, hame he gings like a thrashed bairn, greitin that she's cursed him, and that it's a witch she is, and that his crap'll fail and his baess nae thrive.

Nou there wes some fowk held this wes rank supersteition, and a shame it wes tae miscaa some hairmless auld bodie, but in thae days there wes ithers 'at believe't it. But in nae wey wes she tae ken this, for this day she wes come hame fae the moss, and at her door wes a kebbock o cheese, and on the tap o't, this little figure o a man made out o strae wes set. Naither heid nor tail could she mak o't, but the kebbock wes fine, she'd nivver had the like o't that she could mind on. She taks the strae man ben the houss and sets him on the gai'le ahent the fire whaur she can see him.

But the neist time there's a bit ham shank set at the door rowit in a clout. A fine bit o ham it wes. It fair gart her teeth watter, but a secont luik o't and she thinks: it's evil. She taks it and casts it fae the door, and the craas had it.

Nou there wes nae mony fowk bar the dominie wi the aliment cam about the place, but there wes the bairns. That wes whan they begun tae torment her. Near the end o the day they'd come, at the gloamin. Een 'ad daur ither tae craal the length o the gairden dyke at the back o the houss, and ower the hill they'd rin, and she'd tae warstle the cowpit stanes back ontil the cope, and some she wesna able for, and there on the grund they'd bide.

And back intil the houss she'd ging and greit, for the bairns wes cruel. And whan she'd duin greitin, she'd sit and wonder gin truely she wes a witch. She'd pit her hand in the flame o the fire, and nae pain wad there be. A sign she thocht it wes and again she'd greit. Whit she'd duin tae be a witch she couldna think.

About that time it wes, the pains begun. Auld age she thocht it wes, and that she'd rax't her back. But the pain wes aye waur gettin. At nicht she couldna get sleepit for't. And it begun warkin its wey up her back, and at the feinish, it wes in atwein her shouders. Whyles she cryit out wi the pain, but there wes nane tae hear it.

But ae day, the dominie cam by wi her aliment. She offert him a bowle o tae, but he could see she wes scarce able for tae mak it. Sae away he gings and comes back wi this doctor mannie. He sits her on the bed and up and doun her back he chaps wi his fingers, and tells the dominie he'll send some medicine gin the pairish'll pey for't.

Weill, the medicine comes and shairly a doze o't 'ad sort the pain for a whylie. She'd manage out for tae get her sticks again, and in the gairden she tinker't awa, howkin at the silly bit dreil o tatties, tae lift them or the frost got them. The medicine she keepit maistly for the smaa 'ours. It made her dozent kind, for that wes the time she could thole the least. Gin she wes in this warld or the neist she scarce kent, and little odds it made, for the fire o pain in her body wes a torment. Her days wes a waste o lanesomeness. It wes but the spuinfu o medicine 'at droun't the pain and she'd get sleepit. And that wes the fear she livit in: 'at the pairish wad nae gie her the medicine. And nou gin she grat 'at she wes a witch, the tears 'at rowit doun her face brunt like they wes gobs o meltit leid, and gin she pass't her hand near the flame, wes her fingers nae craze't wi frost?

And the winter cam wi the lang winter nichts. She'd finnd a puckle peats and sticks at the door. Fowk 'ad laeve them for peity. The dominie, he'd bring her meal and medicine, but whit he'd said she scarce made sense o't. Aeven the bairns gied ower tormentin her, they war driven til their hames wi the sleet and the cauld. The winds ruggit at the theik o the ruif, the rain 'ad come, there'd be little dubs in the howes in the flair, there'd scarce be kinnlin in the fire, scarce a glim o licht fae the cruisie lamp 'at guttert by the strae man at the waa. The houss wes but a grave ye'd think, a silly midden o divots and sticks hauf-lairt i the grund.

Weill, it wore on past the turn o the year. Ye'd dout she'd nae the strength tae see in the spring. The days lengthened a bittie, the frosts passit, there wes a souch o warmth in the air, the sap o life risin, ye micht say.

And late this day, the wumman's sittin there, hingin ower the esses, 'at wes her fire, for wi aa the weit in the waas and the ruif, it wes caulder inside 'n out. And at the door, there wes this chap-chap. At first the wumman didna pey nae attention, something in her heid she thocht it wes. But there it wes again, and up she gets and til the door she hirples, and there is this man wi his pack. A gaberlunyie is the auld word, a gaein-about bodie 'at pickit up a bit wark, but nae muckle, for maist o the time he'd beg a bowlefae o kail or a neivefu o meal til his brose. And for that, mebbe a guid crack ye'd get, or tales tae fleg the bairns.

An oh, the wumman wes fell feart at this man. 'Whit div ye want?' says she. 'Ludgin for the nicht,' says he, 'there's a storm comin.' Weill that pits her in an affa steir. A stranger nivver bade in the houss, nivver or it is biggit. The verra thocht o't's a muckle upturn. 'Whit is there tae fear?' says he. She speirs intil hersell, and nae answer can she finnd. Weill the licht is failin and the wind is risin and she's standin there shakin i the cauld, and in sic a swither she's near on greitin, but she hasna the strength tae conter him. Sae she steps aside, and in he waaks.

He sets his pack doun on the settle and gets a luik o the place. The first thing, he redds the cruisie, and oh, fair bonnie it burns. Syne he gings doun on his hunkers and blaas a bit life intil the fire. The neist thing he's pittin on mair peats, and the auld wife lat's out a scraich. 'Ma peats, ma peats!' 'Dinna fash yersell, wumman,' says he, 'there's mair peats in creation 'n ivver ye thocht o.' An neist he's intil her meal bowie. 'Ma meal, ma meal!' she cries. 'Dinna greit, wumman,' says he, 'there's mair corn tae growe in this warld 'n ivver ye kent o.' And or ye can blink, he's a bilin o watter, and there's twa bowles o brose at the hairth standin. And eftir a bit he lifts the brose and bids her sit doun and sup it. 'I'll nae can sup aa that,' says she. 'But sup it, wumman, there's nane can sup it for ye,' says he. And wi that, he sits doun and haals a horn spuin fae his poutch and sups his ain.

Weill, she suppit the bowle clean. The storm dirlt about the ruif, but she didna heed it. She thanks him for the brose. She has clean forgot the pains. But at the thocht, they are there, a savage bruit rivin at the hairt o her bodie. And she is up, up, hirplin for the medicine. But he is there afore her and his hand is ower it. 'Ma medicine!' she cries.

152

Weill nivver a word says he. He's handit her a bowle o tae and she sups it. And it's nae tae ava, nae like onythin she kens, neither sour nor sweet. And she's that divertit wi the taste o't, whan she thinks on the pains again, they're awa.

She thanks him and he raxes hissell out on the settle and she gings til her bed. And she gets sleepit like she's nae sleepit for sae lang's she can mind on. And the furenuin it is, she waks up, and the mannie is awa. She is vext at that, for she wantit tae thank him. She keeks out at the door. There is a fair scatter o sticks on the grun, skailt fae the trees, but the storm is awa and the sun is out. She gings round til the peat shed, and she sees it is filled wi guid black peats. She gings intil her girnal, and sees that there is nae want o fresh meal. The pitcher, it is fill't wi sweet milk.

Syne on the settle she sees a puckle flouers. They are spinkies, and she thinks, it wes the spinkies he made thon tae out o. And oh, she's thocht on the tae, and there is the pains again, and she gings tae get her medicine. Syne she halts, and in its steid she maks a bowle o tae til hersell wi the spinkies. She pits mair peats on the fire, she opens the windae tae get mair licht, and settles doun tae sup the tae. The sun strikes in at the windae til the back o the fire, and she sees that the strae man is awa. The mannie maun 'ae taen it, but she luiks doun at the hairth, and she sees a twa-three ends o strae amang the esses.

Sae she gings out intil the wuids and alang the banks and gaithers spinkies til hersell. And the bairns sees her out, and offers for tae fesh spinkies til her, and they bring them til her houss.

And ae day, they cam til the door. They tell her 'at they canna finnd nae mair spinkies. 'Oh, bairns,' says she, 'the time o the spinkies is feinisht—siccan bonnie floueries.' And that nicht she is deid.

DAVIE STEVELY

BRAID DIVIDE

Cum weans, see the banes
o this aince grand steel mull,
this lang deid skeletal Sumo
whaur men turnt broun wi graft,
no wi backshift Spanish sun!

Here there wes wark;
nou juist wulderness
o airn and roustit gear.
Cauld smirr synds sweit frae waas
an orphant cats greit sair.

Sooth-moothed fancy dans
yatterin o Ascot weimen's day
gae hame tae Kintrie mansions,
whaur dew-tunged lackeys
serr tassie-dreepin yull,
wi ne'er a thocht for Mick and Jock
talkin o men's nicht, at Wishaw dugs.

WILLIAM J TAIT

Twa Translations frae the French

VERTUE REWAIRDIT
(Maurice Scève, 1501-1536)

To see, to hear, to speak to touch her haund
Was aa the bliss and mair I ever socht;
Sae the remeid aa luvers else demaund
I had abjurit baith in deed and thocht.
But nou what rich remeid has vertue brocht
To me, still fettered wi this haly chain?
Sen ill for guid is aa the grace I gain;
And, waur, I maun the clype o tongues withstaund
That my aince vauntit vertue wad arraign,
For that I see not, hear nor touch her haund.

RONDEL
(Anon., 15th century)

Owre lang ye look at me, my luve;
Sic wanton looks will traitors pruve.

The hairt may weel wi joy abruve—
Owre lang ye look at me, my love—
But mask the owre-spill wi your glove
And skaith o slanderous tongues remuve.
Owre lang ye look at me my love;
Sic wanton looks will traitors pruve.

JAMES HALL THOMSON

WAR VETERAN

Tell us a story, they deived—
tell us aboot aulden days!

The auld days war awa.
He wadna kittil their glaur.

Deep doun in his thochts
wes a waefu tale no for tellin.

DOMESTIC THRAET

Bricht as yer button ee
the tyke's neb shows health
the twice o yours
an teeth no sae thraetnin.

Wife ye cast fear
frae yer scowlin heid.
The cat has left hame
an A'm packin ma bag
afore me an the dug

kep the nieve o yer haund
or the glower o yer brou.

RAYMOND VETTESE

SEAMAWS—THAT'S ME

Gin there's a cheenge o sowl at death
I'd be there,
jinkin cloods,
as now, I'm telt, doon here, I lowp
yon kirkyaird dykes that coop fowk in,
a scrunt o stour an a yokit life.
Responsibilities, some wad cry them;
lichtnin-cracks o reason,
black-knuckled fists o common sense.
It's mebbe richt.
Coorie doon, my lad, on settled grund,
bigg a sensible life,
dour as onie manse,
douce as a meenister's wife—ach,
I look up tae the lift—
the streak o bodies sleek wi life,
skitin blue,
jinkin clouds,
the freedom o't, the smeddum o't,
the unthirled life an beauty o't,
I daurna gainsay it, I canna deny it:
that's me.
An wha else can I be?

EPITAPH

Tam, puir Tam, aye sae fashed
wi brend-new duds an mirror-keeks;
what think ye now, auld Narcissus,
o yer braw new timmer-breeks?

ANGUS WATSON

ILE MEN

Smairt as preens i thair hame-gaun duds
the boys breenge aboard at the lest meenit;
rowstin aboot, cheerin, commandeerin
oor douce efternune train,
tae tak them south for the holidays.

An sune growes up a kind o Workin Men's Club.
Here a caird scule, yon convenes
a Philosophical Debatin Soc.
Ayont the fitba buffs there sits
the Scottish Graun Committee,
while atween the cludgie an the luggage racks,
afficionados o the weed
staun reekin i the entry.
Close by, an ad hoc Chapter o the Guild
for the Prevention o Penury amang Brewers an Distillers
proclaims itsell i session.
Frae ahint the cuiver o ma buik
A watch the Maister Craftsmen
soberly unpack the cairry-oots,
an ilka Brither's darg's set oot afore
wi ritual precision.
The spat an hiss o ringpuls
lubricates the drouthy air.

Afore Steenhive thai're daffin
wi a shy-like quine that's sittin aw her lane.
'Whit's the lassie studyin?' 'Airt,' she says.
On sic a day e'en that can be forgien—
gin she's bonny forbye.
Montrose, Arbroath,
an twa three keelies tummle oot
—'We're awa for a wee gargle. See yez Boays.'—
i nae rush tae win tae the end o the line.

Efter Dundee, thair drouth destroyed
ma neibors aw faw prey tae the cat naps

trauchled middle age is heir tae.
The ticht-knit groups brek up
as ilka ane subjects his warld
tae a mair mature appraisal
wi ilka mile o oor time capsule's hurl
towarts Glesca.

The morn's morn thai'll maw
the dear green gress that growes,
inexorable,
aroond the wife an weans,
aroond the pension-linkit
mortgage.

GLOSSARY

Since the material included in this anthology covers a period of twenty-one years and has involved four different editors of *LALLANS*, there is a considerable variation in the spellings of many Scots words. Where the word in question has only one pronunciation, only one spelling is included in the Glossary and this has been selected on the basis of the Scots Language Society's Guidelines (Recommendations for Writers in Scots) published in *LALLANS* 24, Whitsuntid 1985, or by reference to *The Scottish National Dictionary*.

a, have
A, I
aa, all
aabodie, everybody
aathegither, altogether
aathing, everything
aawey, every way
abeen, abuin, above
ablo, ablow, below
aboot, about
accoont, account
acquant, acquainted
addle, animal urine
advyce, advice
ae, one
aefauld, single
aerlie, early
aern, earn
aet, eat
aff, off
affen, often
afore, before
aforehaund, beforehand
agin, against
aheid, ahead
ahint, behind
aiblins, perhaps
aich, echo
aik, oak
ain, own
aince, once
aipple, apple
airm, arm

airmy, army
airt, art
airt, direction
aither, either
aix, axe
ajee, ajar
alane, alone
alicht, alight
allou, allow
amaist, almost
amang, among
an, and
anaa, anaw, as well
anaith, beneath
ane, one
anelie, only
apen, open
argie-bargie, argument
aroond, around
ashet, plate
asklent, askew
asyde, beside
athin, within
athout, without
atour, across
atweill, indeed
atwein, between
aucht, owned by
auld, old
auld-farrant, old-fashioned
auncient, ancient
ava, at all
aw, all

awa, away
awbodie, everybody
Aweill!, Well!
awfu, awful
awgait, every way
awhaur, everywhere
awthegither, altogether
awthing, everything
ay, yes
aye, always
ayebydand, eternal
ayelestin, everlasting
ayont, beyond

baa, ball
bade, stayed
baess, beast(s)
baffie, slipper
bairn, child
bairnheid, childhood
baist, beast
baith, both
bantie, bantam
barefit, barefoot
barm, yeast
bass, doormat
bauchles, slippers
baudrons, cat
bauld, bold
baxtar, baker
beck, curtsey
bedein, immediately
been, bone
beerie, bury
beglamour, bewitch
begoud, began
begowk, deceive
begrutten, tear-stained
begunk, deceive
behuive, be obliged
beik, warm
beild, shelter
bein, being
beinge, kow-tow
beir, bear
beirdies, whiskered minnows

belang, belong
ben, within
benmaist, innermost
benner, inner
bergain, bargain
besom, brush
betimes, occasionally
betterment, improvement
bewtie, beauty
bi, by
bicker, cup
bidden, stayed
bien, comfortable
bigg, build
biggin, building
billie, companion
bing, heap
binna, except
birk, birch
birkie, smart fellow
birl, spin
birn, load
birsel, scorch
bizz, bustle
blaa, blow
blackie, blackbird
blae, blue
blaiker, puzzle
blate, bashful
blaud, piece of writing
blaw, blow
bleize, blaze
blek, black
blellum, oaf
blether, babble
blink, moment
blinnd, blind
blinter, flicker
bliss, bless
blouter, blow away
bluid, blood
bluidy, bloody
blyth, happy
bock, erupt
bogle, spectre
boke, retch

bole, recess
bonnie, beautiful
bood, behove
bool, bowl
bosie, embrace
bou, bow
bouk, bulk
bowf, bark
bowie, barrel
bowle, bowl
brace, mantelpiece
brae, slope
braeheid, top of slope
braid, broad
braidcast, broadcast
brainch, branch
braird, germinate
braisent, brazen
braith, breath
brak, break
braw, fine
brawlie, splendidly
breeks, trousers
breem, brim
breet, brute
breid, bread
breid-flet, bread board
breinge, barge
breird, sprout
breist, breast
breistwark, earthwork
brek, break
bress, brass
bricht, bright
brig, bridge
brither, brother
britherheid, brotherhood
brocht, brought
brod, board
brou, brow
broun, brown
browden, fond of
browdent, warmly attached
bruik, possess
bruim, broom
bruit, brute

brukken, broken
brunt, burnt
buckie, sea-snail
buid, behove
buik, book
buiner, upper
buird, board
buirdlie, stalwart
buirie, bury
buist, chest
buit, boot
buller, bellow
bum, drone
bumbase, confuse
bund, bound
bunnet, bonnet
burd, bird
burn, brook
busk, adorn
buss, bush
byde, dwell
bygaen, former
byle, boil
byordnar, unusual
byre, cowshed
byuss, special

caa, call
caal, cold
cabbrach, rotting meat
cack, defecate
cailleach, old woman
caird, card
cairdboord, cardboard
cairn, stone heap
cairrie, carry
cairt, cart
caller, fresh
cam, came
camshauchil, disordered
camsteirie, wild
canker, cross
canna, cannot
cannie, gentle
cannle, candle
cantie, cheerful

cantrip, frolic
cardie, cardigan
carlin, old woman
carnaptious, quarrelsome
carse, river plain
caudron, cauldron
cauf, calf
cauld, cold
caum, calm
causie, causeway
caw, call, drive
ceitie, city
chaet, cheat
chairge, charge
chaive, bruise
chap, knock
chaumer, bedroom
cheinge, change
cheinie, china
chiel, lad
chik, cheek
chine, chain
chirt, squeeze
chitter, shiver
chowe, chew
chuffie, chubby
chukkie, pebble
chynge, change
clack, clap
claes, clothes
claik, gossip
claith, cloth
claiver, talk foolishly
clamb, climbed
clamjamfrie, riff-raff
clap, pat, sit down
clarty, dirty
clash, tittle-tattle
clat, rake
claucht, grasp
cleck, hatch
cled, clad
cleid, clothe
cleidin, clothing
cleik, hook
cless, class

cleuch, ravine
cley, clay
clock, brood
clood, cloud
closs, narrow alley
clour, bash
clout, cloth
cludgie, water closet
clype, inform
cockie-dandie, bantam cock
cockle, cackle
coff, buy
coggle, stumble
collieshangie, uproar
consait, conceit
conter, oppose
coonter, counter
coorse, coarse
coort, court
corp, body
corrie, mountain hollow
cosh, snug
cottar, cottager
cou, cow
coulter, nose
courie, crouch
cown, weep
cowp, overturn
craa, crow
crabbit, ill-tempered
craft, croft
craig, crag, neck
craik, croak
craitur, creature
crak, chat
crap, crept
crap, crop
crave, request
craw, crow
creel, basket
creepie, stool
creish, grease
croun, crown
cruisie, oil lamp
cruive, shut up
crummock, staff

cry, call
cryne, shrink
cuddie, donkey
cuid, could
cuisin, cousin
cuit, ankle
cuiver, cover
cum, come
curmurrin, murmering
cuttie, short
cuttit, snappish

dachle, hesitate
dae, do
dael, distribute
daftlyke, foolish
daith, death
dall, doll
dang, struck
darg, labour
datchie, hidden
daud, lump
dauner, stroll
dauntent, discouraged
daur, dare
daw, dawn
dawin, dawn
declaur, declare
dee, die
deen, done
deevil, devil
deid, dead
deif, deaf
deil, devil
deil-haet, nothing
deith, death
deive, deafen
denner, dinner
derk, dark
dern, hide
descryve, describe
devall, cease
dicht, wipe
didnae, did not
dill, soothe
ding, hit

dirdum, tumult
dirl, vibrate
disjaskit, dejected
div, do
divert, entertain
divot, turf
dizzen, dozen
dochter, daughter
dochtna, could not
docken, dock
doitit, confused
dominie, school-master
donnert, stupid
dooble, double
dook, bathe
doomster, dempster
doorstane, threshold
dorts, sulks
dorty, sulky
dother, daughter
douce, gentle
doun, down
dounhauden, oppressed
dounset, definition
dour, hard
dout, doubt
doutsum, doubtful
dover, doze
dowe, be able
dowf, gloomy
dowie, sad
dowless, lazy
dowp, bottom
dozent, stupid
drackie, drenched
draiglie, mud-smeared
draiks, disorder
drap, drop
draucht, load
drave, drove
dree, suffering
dreeble, dribble
dreich, dismal
dreid, dread
dreil, drill
dreip, drip

drochlin, puny
drouth, thirst
drukken, drunken
drum, ridge
drumlie, muddy
duan, poem
dubs, mud
duddy, unkempt
duds, clothes
dug, dog
duin, done
dule, sorrow
dumfoonert, amazed
dummy, dumb person
dung, knocked
dunt, blow
dwaiblie, feeble
dwal, dwell
dwam, dream
dwinnle, dwindle
dwyne, dwindle
dyeuks, ducks
dyvour, bankrupt

e, the
easedom, relief
easin, horizon
echt, eight
echteent, eighteenth
ee, eye
eebrou, eyebrow
eediom, idiom
een, eyes
een, one
eence, once
eese, use
eetim, item
effeck, effect
efterneen, afternoon
eftir, after
eftirhint, afterwards
eftirnuin, afternoon
eftirstang, remorse
eggle, urge
eidiot, idiot
eik, extend

eild, old age
elba(e), elbow
elbuck, elbow
eldritch, unearthly
Embrae, Edinburgh
eneuch, enough
ensample, example
erse, arse
ess, ash
et, ate
ethart, adder
ettle, intend
evendoun, downright
evermair, evermore
exemin, examine
exhibeition, exhibition
expone, explain
eydent, industrious

fa, who
faa, fall
fae, foe
fae, from
faik, grip
fail, turf
faimlie, family
fain, fond
fair, quite
fairin, desserts
faither, father
fallae, fellow
fan, when
fand, found
fang. clutch
fankle, tangle
fantoosh, flashy
far, where
fareweel, farewell
farrach, strength
fash, annoy
fauld, fold
faur, where
fause, false
faut, fault
faw, fall
fecht, fight

feid, feud
feim, rage
feinish, finish
feir, fear
feirdie-gowk, coward
feirsum, fearful
feirt, scared
fek, abundance
fekfu, powerful
fekless, weak
fell, strongly
fendin, provision
fent, faint
fere, companion
ferlie, wonder
ferlifu, fanciful
ferm, farm
fernietickles, freckles
ferr, far
fertour, shrine
fesh, fetch
fessen, fasten
fest, fast
fettle, mood
fey, unnatural
fickle, puzzle
fient, devil
fift, fifth
fiftiet, fiftieth
fineer, veneer
fingir, finger
finnd, find
firstlins, first
fit, what
fite, white
flaff, flutter
flane, arrow
flaucht, flash
flauchter, flutter
flech, flea
flee, fly
fleer, floor
fleg, frighten
flegsum, frightening
fleit, flow
flesher, butcher

fletten, flatten
fleuk, flounder
flewn, flown
flicht, flight
flichter, flutter
flinders, fragments
fliskie, skittish
flit, shift
flocht, flutter
flouer, flower
fluir, floor
flyte, scold
focht, fought
foo, how
foraye, forever
forby, besides
forebeirs, forefathers
forekent, foreknown
forenen(s)t, before
forenicht, evening
forenuin, forenoon
forfairn, worn out
forgether, assemble
forgie, forgive
forgien, forgiven
forkietail, earwig
forrit, forward
forritsum, bold
foryet, forget
fou, full
foustit, mouldy
fouter, fuss
fouth, abundance
fowert, fourth
fowerteen, fourteen
fowk, folk
fowth, plenty
frae, from
fraucht, load
frein(d), friend
fremmit, alien
friest, frost
froun, frown
fuff, blow
fuil, fool
fuit, foot

ful, full
fulyerie, foliage
fund, found
furl, whirl
furth, forth
fushion, vigor
fushionless, weak
futret, weasel
futtler, whittler
fyke, fuss
fykmaleerie, empty ritual
fyle, foul
fyne, fine

gab, mouth
gaberlunzie, beggar
gae, go
gae, gone
gaird, guard
gairden, garden
gairit, brightly colored
gaist, ghost
gait, goat
gait, way
gallivant, gad about
galluses, braces
galluss, bold
gane, gone
gang, go
gangrel, vagrant
gansey, jersey
gant, yawn
gar, compel
gat, got
gaun, going
gawk, stare idly
geet, child
gemm, game
gerss, grass
gether, gather
gey(an), very
gibbles, odds and ends
gie, give
gif, if
gillie, male servant
gin, if

ging, go
girn, whine
girnal, meal chest
gizzern, throat
glaikit, stupid
glaumer, bewitch
glaumerie, magic
glaur, clay
gled, glad
gled, hawk, kite
gleg, smart
gleid, burning coal
gless, glass
gliff, fright
glim, light
glint, sparkle
glisk, glimpse
glister, glisten
gloamin, twilight
glore, glory
glower, glare
glumph, look sulky
glunch, frown
goam, gaze
goave, stare
gob, lump
gomeril, blockhead
goun, gown
gounie, nightgown
gowd, gold
gowf, golf
gowk, cuckoo
gowp, gulp
gowpen, double handful
graip, grope
graith, equipment
grannie, granny
grat, wept
gravet, cravat
gree, first place
grein, long
greit, weep
grenite, granite
gress, grass
gret, great
grie, agree

grieshoch, embers
grippie, mean
growe, grow
growne, grown
growthie, luxuriant
grue, shudder
grumf, pig
grun(d), ground
grun(d)stane, grindstone
grup, grip
grutten, wept
gryte, great
gub, mouth
guddle, grope for trout
guff, whiff
guid, good
guids, goods
guidson, son-in-law
gullie, carving knife
gurl, growl
gust, taste
gyang, go
gype, fool
gyte, mad

ha, hall
haal, haul
haar, mist
hae, have
haed, had
haen, had
haice, stormy
haik, wander
haill, whole
hain, conserve
haird, heard
hairm, harm
hairst, harvest
haiver, talk nonsense
halie, holy
hallan, partition
hallie, hollow
hallirackit, hare-brained
hame, home
hameart, homely
hankil, coil

hantle, much
hap, cover
hapshackle, shackle
harl, drag
harns, brains
harra, harrow
haud, hold
hauf, half
hauflin, youth
haun(d), hand
haunle, handle
haurlie, hardly
haw, hall
hecht, promise
heckle-pins, steel comb teeth
heels-owre-gowdie, topsy-turvy
heich, high
heicht, height
heid, head
heidstane, headstone
heirship, inheritance
heivin, heaven
heize, lift
hemmer, hammer
herbour, harbour
herken, hearken
herrie, rob
hert, heart
hert-sair, heart sore
hertscaud, heartbreak
heuch, precipice
hey, hay
hidlins, secretly
hie, high
hielans, highlands
himsell, himself
hing, hang
hingins, curtains
hinmaist, last
hinna, have not
hinner, rear
hinnerlie, finally
hinnie, honey
hir, her
hird, shepherd
hirple, limp

hirsell, herself
hirsil, slide
hissell, himself
hizzie, hussy
hoast, cough
hodden, gray
hoodie, hooded crow
hoose, house
hotch, swarm
hou, how
houanever, however
houever, however
houghmagandie, fornication
houss, house
howdie, midwife
howe, hollow
howf, shelter
howk, dig
howk, hulk, ship
howp, hope
huikit, hooked
huird, hoard
humf, hump
hunder, hundred
hunkers, haunches
hurdies, buttocks
hurl, wheel
hyne, far away
hypothec, collateral
hyst, raise
hyter, totter

i, in
ilk(a), *ilkie*, each
ill-gaits, misdeeds
ill-moued, insolent
ill-oot, offence
ill-wullie, ill-tempered
inbye, inside
ingans, onions
ingether, collect
ingil, fire
ingyne, genius
insicht, insight
insteid, instead
intae, into

intil, into
inveisibil, invisible
ir, are
ither, other
ithergaits, elsewhere
itsell, itself
ivver, ever

jaiket, jacket
jalouse, deduce
jaud, jade
jaw, surge of water
jawbox, common sink
jeelie, jelly
jeelie-jaur, jam jar
jessie, cissy
jiggin, dancing
jing-bang, lot
jink, dodge
jo, sweetheart
joco, cheerful
joug, jug
jouk, avoid
juist, just
jurmummel, confuse
jyne, join
jynt, joint

kaif, familiar
kaim, comb
kairrie, sea spray
kebbock, cheese
keckle, cackle
keelie, street arab
keik, peep
keikin gless, mirror
keing, king
kelpie, water-sprite
ken, know
kennin, trace
kenspeckle, conspicuous
kep, keep
kerve, carve
ketterin, cateran
kiest, cast
killin houss, abattoir

kilt, tuck up
kink, twist
kinnlin, kindling
kintra, kintrie, country
kip, hurry
kirk, church
kirkyaird, churchyard
kirn, churn
kirstal, crystal
kirsten, christen
kis, because
kist, chest
kitchie, kitchen
kittle, difficult, arouse
kittlin, kitten
knackie, skilful
knag, peg
knowe, hillock
knurl, lump
kuist, cast
kye, cattle
kyke, defecate
kynd, kind
kyte, paunch
kyth, appear

laddie, boy
laft, loft
laich, low
laichmaist, lowest
laif, loaf
lair, inter
laird, lord
lairge, large
lairn, teach
lanely, lonely
lang, long
lang-heidit, clever
langsyne, long ago
lap, leapt
lapper, curdle
lassie, girl
lassock, girl
lat, let
lauch, laugh
lave, remainder

lawin, account
leafs, leaves
leal, loyal
leam, gleam
ledder, ladder
leddie, lady
lee, lie
lee-lane, lonely
lee-lang, livelong
leerie, blinking
leesten, listen
leet, list
leeve, live
leid, language
leid, lead
leimit, limit
leir, learning
len, loan
lest, last
ley, pasture
licht, light
lichtnin, lightning
lichtsome, pleasant
licks, punishment
liefer, rather
lift, sky
ligg, lie
lik, like
lilt, sing
limmer, low woman
limn, portrait
lintie, linnet
lippen, trust
lippin-fou, overflowing
loanin, field
lood, loud
loof, palm
loue, love
loun, youth
lousum, lovable
lowden, quiet
lowe, glow
lown, calm
lowsance, delivery
lowse, untie
ludgin, lodging

luelie, softly
lug, ear
luik, look
luim, loom
lum, chimney
luve, love
lyfe, life
lyke, like
lythe, gentle

ma, my
ma lane, on my own
maik, model
mainage, manage
mainner, manner
mair, more
mairches, marches
mairrie, marry
mairt, market
maisic, music
maist, most
maister, master
maisterfu, masterly
maisterheid, mastery
maitter, matter
mak(k)ar, poet
mak, make
mant, stammer
marrae, equal
masell, myself
maumie, sweet
maun, must
maut, malt
maw, gull
maw, mow
mebbe, maybe
meedie, meadow
meen, moon
meenit, minute
meesure, measure
meinister, minister
meisurt, measured
mell, blend
mennan, minnow
mense, propriety
merbil, marble

mercat, market
Merch, March
merk, mark
mervellous, marvellous
micht, might
michtie, mighty
milsie, milk strainer
minawa, minuet
minneer, great noise
minnie, mother
mint, mean
mirk, darkness
miscaa, miscaw, miscall
misdout, disbelieve
misgae, miscarry
mishanter, misfortune
mislippen, distrust
mistak, mistake
mither, mother
monie, many
mooth, mouth
mou, mouth
moul, soil
mouss, mouse
mowdie, mole
mowdiehill, mole hill
mowdiewarp, mole
muckle, much
muin, moon
muir, moor
muive, move
mukkil, much
mulk, milk
mummil, mumble
mump, grumble
mune, moon
murn, mourn
musardrie, poetry
mynd, remember
mynes, mine

na, no
nae, no
naebodie, nobody
naething, nothing
naig, naigie, horse

170

naither, neither
naitral, natural
naitur, nature
nane, none
neb, nose
neem, name
neen, none
neibor, neighbour
neip, turnip
neist, next
neive, fist
nerra, narrow
nesh, delicate
nesty, nasty
neuk, corner
new-fangle, novelty
nicht, night
niffer, barter
ninetiet, ninetieth
nippit, snappish
nivver, never
nocht, nought
nock, clock
noddle, head
nor, than
norland, north
nou, now
nummer, number

o, of
objeck, object
obleege, oblige
ocht, anything
oncairrie, proceedings
onie, any
oniebodie, anybody
oniehou, anyhow
oniething, anything
oniewey, anyway
oniewhaur, anywhere
onsiccar, undependable
oo, wool
oor, our
oors, hours
oorsells, ourselves
oot, out

ootbye, outside
ootlin, stranger
orra, odd
ower, owre, over
owreset, translate
oxter, armpit

pack, familiar
paidle, paddle
paiks, blows
pairish, parish
pairk, park
pairt, part
pairtie, party
paittren, pattern
palmies, strokes on hand
parritch, porridge
pat, pot
pat, put
pawkies, mittens
pawky, sly
pech, pant
peel, pill
peely-wally, pale
peenie, pinafore
peerie, tiny
peir, poor
peitie, pity
pend, arch
pent, paint
perjinct, perjink, neat
perlicket, scrap
perr, pair
peteition, petition
peth, path
pey, pay
phaisant, pheasant
pianae, piano
pickle, few
picter, picture
pingel, strive
pirl, poke
pit, put
pitheid, pithead
pitten, put
plank, place

pleise, please
pleisure, pleasure
plenish, furnish
pleuch, plew, plow
pleywricht, playwright
plicht, plight
plowter, splash
ploy, venture
plyde, plaid
poke, bag
poliss, police
poor, pour
poseition, position
pou, pull
pouer, power
pouk, pluck
poupit, pulpit
poutch, pocket
powe, head
powk, poke
pownie, pony
praisent, present
pree, taste
preen, pin
preñt, print
prickmaleerie, precise
prief, proof
prieve, prove
prig, importune
prog, probe
pruif, proof
psaum, psalm
puckle, few
puggie, monkey
puil, pool
puir, poor
puirtith, poverty
pun(d), pound
purpie, purple
putten, put
pyne, pain
pynt, point
pyock, bag

quaet, quiet
quat, quit

queat, gaiter
quo, says
quyne, girl

rael, real
raen, rant
raicords, records
raik, roam
raip, rope
rair, roar
raither, rather
raittle, rattle
raivel, entangle
rase, rose
raw, row
rax, stretch
recaa, recaw, recall
reck, heed
redd, tidy
reem, froth
reem, room
reenge, range
reet, root
refuise, refuse
regaird, regard
reid, red
reik, smoke
reishil, rustle
reive, plunder
rejyce, rejoice
remeid, redress
remerk, remark
repone, reply
reteir, retire
rickle, pile
riddle, sieve
rig, field
riggin, roof
rin, run
risp, grate
roch, rough
roond, roun, round
roose, temper
roperee, rope-walk
rouch, rough
rouse, anger

roust, rust
rowe, roll, tie
rowle, rule
rowp, sale, plunder
rowst, stir
rowt, roar
rowth, plenty
ruck, stack
rugg, tug
ruif, roof
ruit, root
rummel, rumble
runkil, wrinkle
runt, plantstem
rybat, hewnstone
rype, ransack

sae, so
saft, soft
saicont, second
saicret, secret
sain, bless
saip, soap
sair, sore
sal(l), shall
sang, song
sark, shirt
sate, seat
saul, soul
saunt, saint
saut, salt
saw, sow
sax, six
saxt, sixth
saxteen, sixteen
scaffie, dustman
scart, scairt, scratch
scaud, scald
scaum, haze
schuil, school
sclatch, bespatter
sclim, climb
sconce, screen
scouth, scowth, scope
scowk, skulk
scran, search

scranky, meagre
scree, loose stones
screeble, scribble
screed, written piece
screenge, scrub
screich, screech
scrieve, write
scrim, coarse linen
scrimp, scant
scrog, stunted bush
scruntit, shrivelled
scunner, disgust
scuttery, troublesome
sea-maws, seagulls
seck, sack
seenister, sinister
seep, soak
seeven, seven
seik, sick
seilfu, pleasant
seistem, system
seister, sister
selvedges, borders
sempil, simple
sen, since
serr, serve
Setterday, Saturday
shane, shone
shangie, meagre
shargert, stunted
sharn, dung
sharrow, sharp
shauchil, shuffle
shaw, show
sheddae, shadow
sheen, shine
sheltie, Shetland pony
sherp, sharp
sheuch, ditch
shew, sew
shiel, cottage
shilpit, puny
shinner, cinder
shooglie, shaky
shore, threat
shour, shower

shouthers, shoulders
shuin, shoes
shuir, sure
sib, related
sic(can), such
siccar, secure
sicht, sight
siclyke, such
sik, seek
siller, money
simmer, summer
sin, since
sinder, divide
sindry, various
sinsyne, since then
skail, empty, spill
skaith, harm
skart, scratch
skech, sponge
skeilie, skillful
skelf, splinter
skelp, gallop, slap
skimmer, flicker
skinkle, twinkle
skirl, shreik
skirp, drop
skite, slip
sklaik, gossip
sklam, climbed
sklent, slant
sklent, squint
skouk, hide
skour, scour
skraich, screech
skuil, school
skunnersum, disgusting
skutter, rush
skyre, bright
slabber, slobber
slaister, slop
slaw, slow
slee, sly
sleekie, deceptive
slivver, slobber
slocken, quench
smaa, smaw, small

smairg, smear
smarrach, heap
smeddum, spirit
smeik, smoke
smer, marrow
smert, smart
smeuchter, smolder
smirr, small rain
smit, infection
smoor, smother
smouder, smolder
smowt, small creature
snash, insolence
snaw, snow
sned, lop
snek, latch
snell, chilly
snicher, snigger
snochers, mucus
snod, smooth, trim
snorl, difficulty
snowk, pry, snuff
socht, sought
sodger, soldier
sonsie, fortunate
soond, soun, sound
soordook, buttermilk
sooth, south
sooth, truth
sorner, parasite
soshie, store
sotter, mess
souch, sigh
soudron, southern
souk, suck
soum, swim
soused, extinguished
sowans, dish from oat husks
sowf, hum
sowl, soul
spae-man, fortune teller
spak, spoke
spang, span
sparple, scatter
speir, spier, ask
speirit, spirit

sperk, spirk, spark
speug, sparrow
spiel, climb
spile, spoil
spinkie, primrose
spirl, twig
spirtle, porridge-stick
spock, spoke
sprachle, flounder
sprecherie, booty
spreid, spread
spreit, spirit
sprot, twig
sprowse, boast
spuin, spoon
spulyie, despoil
spunk, gumption
spurgie, sparrow
squaich, squawk
stacher, stagger
stane, stone
stang, sting
stank, pond
stap, stop, cram
starn, star
staun, stand
staw, disgust
stawn, stolen
stech, stuff
steen, stone
steer, stir
steidin, steading
steidy, steady
steik, close, stitch
steive, hard
stell, prop
stent, support
sterk, stark
stert, start
sterve, starve
stey, steep
stibble, stubble
stick, endure
stilp, stalk
stippit, stupid
stirk, steer

stirrie, starling
stishie, bustle
stob, stake
stoiter, stagger
stookie, plaster figure
stoot, stout
stot, rhythm
stound, throb
stour, dust, strife
stourlie, severely
stracht, straicht, straight
strade, strode
strae, straw
straik, stroke
stramash, uproar
strang, strong
stravaig, wander
strawn, strewn
streek, stretch
stuid, stood
stuil, stool
stuipit, stupid
stumpie, shorty
sturt, vex, strife
styme, glimpse
succar-bowle, sugar-bowl
suiden, sudden
sum, some
supersteition, superstition
swack, supple
swal, swell
swatch, collection
swaw, wave
sweem, swim
sweir, swear
sweirt, reluctant
sweit, sweat
swey, chimney-rod
swippert, nimble
swith, swift
swither, hesitate
swuird, sword
swype, sweep
swyte, sweat
syke, rill
syle, soil

synd, rinse
syne, then
syver, drain

tae, toe, to, too
taen, taken, took
taigil, linger
taiken, token
tairge, shield
tak, take
tane, one
tap, top
tapcoat, overcoat
tapmaist, topmost
tapsalteerie, topsy-turvy
tassie, cup
tattie, potato
tattie-bogle, scarecrow
tauld, told
tawse, strap
teen, sorrow
teim, pour, empty
tein, rage
teir, tear
telt, told
tent, attention
tentie, attentive
tentilie, carefully
teuch, tough
teuchit, lapwing
thae, those
thai, they
thaim, them
thair, their
thairsells, themselves
thare, there
the-nou, just now
thegither, together
theik, thatch
thenk, thank
thig, plead
thir, these
thirl, bind
tho, though
thocht, thought
thole, endure

thon, that, those
thonder, yonder
thoom, thumb
thoosan(d), thousand
thorter, thwart
thoweless, sluggish
thraet, threat
thrang, crowded
thrapple, throttle
thraw, throw
thrawn, perverse
threid, thread
threip, insist
thrie, three
thristle, thistle
throu, through
throu-gan, thorough
throu-gang, passage
throwe, through
ti, to
ticht, tight
tid, season
tig, touch
til, to
tim, time
timaities, tomatoes
timmer, move briskly
timmer-breeks, timber trousers
tint, lost
tippence, twopence
tither, other
tod, fox
toom, empty
tooshtie, small quantity
tootle, note
tousie, tousled
towe, rope
trachle, drudge
tradeition, tradition
traik, wander
traivel, travel
tramort, corpse
trance, lobby
treetle, trickle
trimmle, tremble
trinch, trench

troch, trough
troke, barter
trooser, trouser
troot, trout
truith, truth
trummle, tremble
tryst, meet
tuik, took
tuilyiesome, quarrelsome
tuim, empty
tulyie, skirmish
tummle, tumble
tung, tongue
twa(e), two
twal, twelve
twalmonth, year
twyne, sever
tyauve, struggle
tyke, cur
tyme, time
tyne, lose

ugsome, ugly
uise, use, (v)
uised, used
uiss, use, (n)
unchancy, unlucky
unco, strange, very
unkennin, uninformed
unthirled, free

vairsion, version
vauntie, exultant
veisit, visit
verra, very
virr, force
vou, vow
vyce, voice

waa, wall
wab, web
wabbit, exhausted
wad, married
wad, would
waddin, wedding
wadset, pledge

wae, sad
waefu, waeful
waesome, woeful
waiken, weaken
waird, guard
wal, well
wale, choose
walth, wealth
walthie, wealthy
wame, belly
wan, won
wanchancie, unlucky
wanhowp, despair
wap, wrap
wark, work
warl(d), world
wars(t)le, struggle
warth, worth
wasna(e), was not
wast, west
wat, wet
wather, weather
watter, water
wauken, waken
waukrife, wakeful
wauner, wander
waur, worse
waw, wall
wean, infant
wecht, weight
wede awa, fade away
weidae, widow
weill, well
weill-farrant, good-looking
weill-faured, handsome
weimen, women
weir, wear
weird, fate
weirdman, prophet
weit, wet
wersh, tasteless
wes, was
wey, way
wha(e), who
whair, where
whan, when

whase, whose
whatfor, why
whaup, curlew
whaur, where
wheech, rush
wheen, few
wheenge, whine
wheeple, whistle
whees(h)t, silence
whigmaleirie, whim
whilk, which
whins, gorse
whit, what
whittret, weasel
whuffle, whisper
whunstane, whinstone
whup, whip
whurl, whirl
whusper, whisper
whustle, whistle
whuther, whether
whyles, sometimes
whyte, white
wi, with
widdie, gallows
win, reach
windae, window
winna, will not
winnlestrae, withered grass
winnok, window
wirk, work
wis, was
wiss, wish
wonner, wonder
wrack, seaweed
wrang, wrong
wrate, wrote
wricht, craftsman
wrocht, worked
wryte, write
wud, wood, mad
wuids, woods
wul, will
wull, will
wumman, woman
wund, wind

wunter, winter
wurd, news
wyce, sensible
wycelyke, respectable
wyceness, wisdom
wyde, wide
wyfie, woman
wynd, lane
wyse, entice ◄

yae, one
yaird, yard
yalla(e), yellow
yatter, chatter
ye, you
yeirsell, yourself
yellae, yellow
yelloch, scream
yersell, yourself
yestreen, last evening
yett, gate
yill, ale
yin, one
yince, once
yird, earth
yirdin, burial
yirk, jerk
yirth, earth
yit, yet
yle, oil
yoam, vapor
yoke on, quarrel with
yon, that, those
yorlin, yellowhammer
yowe, ewe
yowl, howl
yuise, use (v)
yuiss, use (n)
Yuletide, Christmas
yull, ale